LES PLUS BEAUX POÈMES DU BONHEUR

ANDRÉ GIOVANNI

LES PLUS BEAUX POÈMES DU BONHEUR

anthologie

Collection Espaces

le cherche midi éditeur
23, rue du Cherche-Midi 75006 Paris

DU MÊME AUTEUR

L'offrande à la Corse (Ed. Albatros, 1985).

Cérémonial sur les falaises, *poèmes, thème et variations* (à paraître).

A MON FILS,
PIERRE ANTOINE,
POUR LE BONHEUR
QU'IL ME DONNE.

Édition originale

Si je t'aime
c'est pour la seule chose
que je n'ai pu expliquer
le bonheur.

Jean Siccardi
Equinoxes du silence

INTRODUCTION

La santé est le silence du corps. Le bonheur serait-il le silence de l'âme ? Tandis que l'on goûte l'ivresse d'un amour partagé, nul besoin de le crier sur les toits. Il suffit de le savourer, les yeux mi-clos, pour mieux se laisser pénétrer par cette effusion intime. Mais les poètes nous ont habitués à d'harmonieuses plaintes, et même à des lamentations, plutôt qu'à des chants où les joies se confondent avec la paix intérieure.

C'est pourquoi Alfred de Musset lança ce cri célèbre, outrageusement romantique : « Les chants désespérés sont les chants les plus beaux ». Dès lors, un teint funèbre, une langueur anémique qu'affectaient autrefois les jeunes filles perdues de rêveries, une mine d'amoureux transi, voire une marginalité sociale, sont devenus les signes qui dénoncent le triste état de poète. Le bon sens populaire ne s'y trompe pas. Pour expliquer l'inaptitude d'un homme à l'action, l'irréalisme d'une intelligence, il a cette formule apitoyée : « C'est un poète ! » Ce qui fait écho à la boutade de Malherbe qui n'accordait pas aux faiseurs de vers plus d'importance qu'à un joueur de quilles.

*
* *

Et pourtant ! Le bonheur, c'est d'abord le trépignement de joie des enfants. Il fait battre des mains, danser, chanter. Il pousse à la volte, aux zapateados fougueux, aux gigues, aux bourrées, aux rigodons de nos ancêtres. Il fait cogner le cœur à coups précipités et peut devenir, chez qui a le talent de le recevoir, l'inspirateur de rythmes généreux, de cadences nombreuses. Quand le cri de joie épouse la parole sacrée et glorifie le Verbe, le Magnificat est son apothéose.

Tournant le dos aux esprits chagrins, je me suis mis en quête de ces états de grâce qui vont de la plénitude de la volupté jusqu'aux rires un peu fous, en passant par les plages de la tendresse partagée. Ma recherche ressemblait aux allées et venues des glaneurs d'autrefois pour recueillir les épis oubliés. En les rassemblant, pour composer un bouquet, c'est toute la gamme des bonheurs qui, par sa richesse, nous rappelle que nous sommes tous les jours trop négligents, trop étourdis et, pour reprendre l'admirable expression de Gustave Thibon, que « notre regard manque à la lumière ».

Les poèmes offerts dans cette anthologie seront, je l'espère, autant de surprises pour le lecteur qu'ils le furent pour moi-même, au hasard de mes glanes. Ils chantent les heures du jour, depuis l'aube dont chaque apparition est un miracle que nous ne saluons pas assez, jusqu'aux coups de cymbales des orchestres du couchant. Un enchantement que Henri Bosco a su si joliment nous confier : « Le bonheur sortait des cailloux, tombait des arbres. On ne pensait à rien, et même on ne se doutait pas que ce bonheur pût finir, comme tous les bonheurs de ce monde. On le savait pourtant, mais on pensait pouvoir l'emporter avec soi et le garder toute sa vie comme un don de printemps offert par le Bon Dieu. »

Les poèmes du bonheur donneront envie, je l'espère, de vivre plus intensément, dans la gour-

mandise de mordre les fruits de la terre. Oui, la vie est belle. Et plus encore pour ceux dont le regard d'enfant garde l'éclat de cette lumière qui illuminait l'aube de l'humanité.

***

Dès lors, toutes choses s'éclairent et délivrent des promesses de bonheur, et peut-être d'amour, fusant comme moineaux de buissons d'aubépine. Il suffit de regarder autour de soi : l'herbe et la mousse, le caillou sous l'eau vive, la route qui nous invite, la main tendue vers l'ami, les veillées sous la lampe, le corps de l'aimée si bien fêté depuis le « Cantique des Cantiques », le pain et le vin de la table domestique, toutes les fleurs évidemment, et même la fuite du temps dont le regret intensifie la beauté. Car tout bonheur se sait éphémère et le poète est taraudé par le désir de convertir le temps en un espace d'éternité. La nostalgie accompagne comme une ombre ce que le soleil fait vivre. C'est ici que les versants se rejoignent et que le fleuve revient à sa source. Le bonheur, c'est aussi le sourire qui détourne les pleurs.

Il est aussi des poèmes opalisés qui montent des brumes mystérieuses de la mémoire. Souvenirs de pays inconnus mais cependant familiers. Gérard de Nerval les accueillait comme les réminiscences d'une vie antérieure. Ainsi « Fantaisie », tiré des Odelettes, *fait rajeunir l'âme de plus de deux cents ans.*

***

Je n'ai pas choisi la progression chronologi-

que, sauf à l'intérieur des chapitres, car la poésie, selon moi, est une perfection hors du temps. Elle n'a cure de progrès et d'évolutions dont les historiens et les idéologues se préoccupent. J'ai voulu faire, dans un tour de France de Baïf à Apollinaire, un aller-retour qui franchirait les siècles et les paysages, à la façon dont il est plaisant dans les jardins familiers de rendre visite aux dahlias, aux primevères, aux plants de soucis, aux impatiens, sans manquer, après un détour par le potager, de se pencher sur les roses dont les plus anciennes nous réservent les parfums les plus délicats. Ainsi les poètes, dans un parc à la française, aux tonnelles ombragées, font-ils une ronde à la fois archaïque et moderne où chacun s'avance pour dire sa cantilène du bonheur.

J'ai souhaité rassembler ces poèmes selon des thèmes qui font jouer toutes les facettes que le bonheur peut prendre : l'amour, la nature, le vin, les joies domestiques, les voyages et même la fuite du temps... Divers et chatoyants, ils enjambent les siècles.

J'ai écarté à regret certains textes en vieux français qu'on ne saurait traduire sans en trahir la grâce. Mais comment résister au « Blason du tétin » dont chaque lecteur se rengorgera ?

Je n'ai pas voulu non plus insérer, dans un ouvrage voué aux belles cadences dont les rimes vont par deux comme les lèvres pour le baiser, des poèmes même très réputés, mais trop sibyllins, voire incompréhensibles, tant leur expression est, à mes yeux, chaotique. Choisir, c'est aimer. Aimer, c'est aussi savoir refuser. Au risque d'être injuste.

*
* *

Tendre, joyeuse ou gaillarde, la muse française chante avec des accents contrastés. Les belles cadences, la musicalité de notre langue, habile à jouer de la pédale douce des « e » muets, lui confèrent toujours une allure personnelle, si authentique qu'on la devine à son pas mesuré, à peine a-t-elle franchi le seuil.

Cette anthologie se moque des modes et des diktats contemporains. C'est un pèlerinage aux sources toujours vivantes de notre pays. Les faire jaillir et jaser auprès des fleuves renommés et des fontaines célébrées, c'est l'enchantement de la découverte. Quel plaisir de boire des eaux si fraîches, si légères ! Si pures qu'à peine bues, on souhaite d'être de nouveau altéré, pour les boire encore et savourer un bonheur qui file comme une onde, ondoyant et toujours mystérieux.

André Giovanni

1.

L'AMOUR EST MON BONHEUR

« Que serais-je sans toi ? »
soupire Aragon pour Elsa.
Et Ronsard, pour Hélène :
« Si c'est aimer de vivre en vous
plus qu'en moi-même ».
C'est dans l'amour que les poètes
trouvent les accents les plus
fiévreux.
Mais est-il plus belle déclaration
d'amour que celle-ci :
« Il pleut — c'est merveilleux.
Je t'aime » ? C'est de Francis Carco.

HENRI II

(1519-1559)

VERS ADRESSÉS À DIANE DE POITIERS

Plus ferme foi ne fut oncques jurée
A nouveau prince, ô ma belle princesse,
Que mon amour qui vous sera sans cesse
Contre le temps et la mort assurée.
De fossés creux ou de tour bien murée
N'a pas besoin de ma foi la fortresse,
Dont je vous fis, dame, reine et maîtresse,
Parce qu'elle est d'éternelle durée.
Trésor ne peut sur elle être vainqueur :
Un si vil prix n'acquiert un gentil cœur.

(Lettres inédites à Diane de Poitiers)

PIERRE DE RONSARD

(1524-1585)

MADRIGAL

Sonnets pour Hélène

Si c'est aimer, Madame, et de jour et de nuit
Rêver, songer, penser le moyen de vous plaire,
Oublier toute chose, et ne vouloir rien faire
Qu'adorer et servir la beauté qui me nuit ;
Si c'est aimer de suivre un bonheur qui me fuit,
De me perdre moi-même et d'être solitaire,
Souffrir beaucoup de mal, beaucoup craindre et me
[taire,
Pleurer, crier merci, et m'en voir éconduit ;
Si c'est aimer de vivre en vous plus qu'en moi-même,
Cacher d'un front joyeux une langueur extrême,
Sentir au fond de l'âme un combat inégal,
Chaud, froid, comme la fièvre amoureuse me traite,
Honteux, parlant à vous, de confesser mon mal ;
Si cela c'est aimer, furieux je vous aime.
Je vous aime, et sais bien que mon mal est fatal.
Le cœur le dit assez, mais la langue est muette.

(*Les sonnets, 1560*)

JEAN DE LA FONTAINE

(1621-1695)

LES DEUX PIGEONS

Deux pigeons s'aimaient d'amour tendre.
L'un d'eux, s'ennuyant au logis,
Fut assez fou pour entreprendre
Un voyage en lointain pays.
L'autre lui dit : « Qu'allez-vous faire ?
Voulez-vous quitter votre frère ?
L'absence est le plus grand des maux :
Non pas pour vous, cruel. Au moins, que les travaux
Les dangers, les soins du voyage,
Changent un peu votre courage.
Encor si la saison s'avançait davantage !
Attendez les zéphyrs. Qui vous presse ? Un corbeau
Tout à l'heure annonçait malheur à quelque oiseau.
Je ne songerai plus que rencontre funeste,
Que faucons, que réseaux. Hélas ! dirai-je, il pleut,
Mon frère a-t-il tout ce qu'il veut,
Bon souper, bon gîte, et le reste ? »
Ce discours ébranla le cœur
De notre imprudent voyageur,
Mais le désir de voir et l'humeur inquiète
L'emportèrent enfin. Il dit : « Ne pleurez point :
Trois jours au plus rendront mon âme satisfaite ;

Je reviendrai dans peu conter de point en point
Mes aventures à mon frère.
Je le désennuirai : quiconque ne voit guère
N'a guère à dire aussi. Mon voyage dépeint
Vous sera d'un plaisir extrême.

Je dirai : J'étais là ; telle chose m'advint.
Vous y croirez être vous-même. »
A ces mots, en pleurant, ils se dirent adieu.
Le voyageur s'éloigne ; et voilà qu'un nuage
L'oblige de chercher retraite en quelque lieu :
Un seul arbre s'offrit, tel encor que l'orage
Maltraita le pigeon en dépit du feuillage.
L'air devenu serein, il part tout morfondu,
Sèche au mieux qu'il peut son corps chargé de pluie,
Dans un champ à l'écart voit du blé répandu,
Voit un pigeon auprès : cela lui donne envie.
Il y vole, il est pris : ce blé couvrait d'un lacs
Les menteurs et traîtres appas.
Le lacs était usé ; si bien que de son aile,
De ses pieds, de son bec, l'oiseau le rompt enfin.
Quelque plume y périt, et le pis du destin
Fut qu'un certain vautour à la serre cruelle
Vit notre malheureux qui, traînant la ficelle
Et les morceaux du lacs qui l'avait attrapé,
Semblait un forçat échappé.
Le vautour s'en allaït le lier, quand des nues
Fond à son tour un aigle aux ailes étendues.
Le pigeon profita du conflit des voleurs,
S'envola, s'abattit auprès d'une masure,
Crut pour ce coup que ses malheurs
Finiraient par cette aventure ;
Mais un fripon d'enfant (cet âge est sans pitié)
Prit sa fronde, et du coup tua plus d'à moitié
La volatile malheureuse,
Qui, maudissant sa curiosité,
Traînant l'aile et tirant le pié,
Demi-morte et demi-boiteuse,
Droit au logis s'en retourna :
Que bien que mal elle arriva
Sans autre aventure fâcheuse.
Voilà nos gens rejoints ; et je laisse à juger
De combien de plaisirs ils payèrent leur peines.

Amants, heureux amants, voulez-vous voyager ?
Que ce soit aux rives prochaines.
Soyez-vous l'un à l'autre un monde toujours beau,
Toujours divers, toujours nouveau ;
Tenez-vous lieu de tout, comptez pour rien le reste.
J'ai quelquefois aimé : je n'aurais pas alors
Contre le Louvre et ses trésors,
Contre le firmament et sa voûte céleste,
Changé les bois, changé les lieux
Honorés par les pas, éclairés par les yeux
De l'aimable et jeune bergère
Pour qui, sous le fils de Cythère,
Je servis, engagé par mes premiers serments.
Hélas ! quand reviendront de semblables moments ?
Faut-il que tant d'objets si doux et si charmants
Me laissent vivre au gré de mon âme inquiète ?
Ah ! si mon cœur osait encor se renflammer !
Ne sentirai-je plus de charme qui m'arrête ?
Ai-je passé le temps d'aimer ?

(Fables)

JEAN RACINE

(1639-1699)

STANCES A PARTHÉNICE

Parthénice, il n'est rien qui résiste à tes charmes :
Ton empire est égal à l'empire des dieux ;
Et qui pourrait te voir sans te rendre les armes,
Ou bien serait sans âme, ou bien serait sans yeux.

Pour moi je l'avouerai, sitôt que je t'eus vue
Je ne résistai point ; je me rendis à toi :
Mes sens furent charmés, ma raison fut vaincue,
Et mon cœur tout entier se rangea sous ta loi.

Je vis sans déplaisir ma franchise asservie ;
Sa perte n'eut pour moi rien de rude et d'affreux ;
J'en perdis tout ensemble et l'usage et l'envie :
Je me sentis esclave, et je me crus heureux.

Je vis que tes beautés n'avaient point de pareilles :
Tes yeux par leur éclat éblouissaient les miens ;
La douceur de ta voix enchanta mes oreilles ;
Les nœuds de tes cheveux devinrent mes liens.

Je ne m'arrêtai pas à ces beautés sensibles,
Je découvris en toi de plus rares trésors ;
Je vis et j'admirai les beautés invisibles
Qui rendent ton esprit aussi beau que ton corps.

Ce fut alors que voyant ton mérite adorable,
Je sentis tous mes sens t'adorer tour à tour ;
Je ne voyais en toi rien qui ne fût aimable,
Je ne sentais en moi rien qui ne fût amour.

Ainsi je fis d'aimer l'heureux apprentissage ;
Je m'y suis plu depuis ; j'en aime la douceur ;
J'ai toujours dans l'esprit tes yeux et ton visage,
J'ai toujours Parthénice au milieu de mon cœur.

Oui, depuis que tes yeux allumèrent ma flamme,
Je respire bien moins en moi-même qu'en toi ;
L'amour semble avoir pris la place de mon âme,
Et je ne vivrais plus s'il n'était plus en moi.

Vous qui n'avez point vu l'illustre Parthénice,
Bois, fontaines, rochers, agréable séjour !
Souffrez que jusqu'ici son beau nom retentisse,
Et n'oubliez jamais sa gloire et mon amour.

(Poésies lyriques)

XAVIER FORNERET

(1809-1884)

ET LA LUNE DONNAIT ET LA ROSÉE TOMBAIT

(extrait)

(...) « Ame de mon amante, âme belle, grande, immense, religieuse, expressive, toute d'amour, toute de Dieu, comme tu coules en mon âme, si j'ai une âme, moi, car on est tenté de croire que toi seule aies toutes les âmes. Tes pensées sont plus pures que la rosée sur la feuille verte, plus vastes que le monde, aussi suaves qu'un baiser de mère. Ta voix tantôt est scintillante comme les étoiles du Levant, tantôt triste comme le souvenir d'un doux passé ; tantôt énergique comme un peuple qui veut du pain, — puis rêveuse comme un œil bleu. Cœur de mon amante, Dieu te bénit, heureux que tu es ! Dieu est en toi. Toi, c'est Dieu qui dit : Les jours sont-ils assez brillants pour t'éclairer ?

Non, c'est toi qui éclaires les jours.

C'est toi qui rends chaud le soleil ; il ne le serait pas tant si tu ne le voyais pas.

Les fleurs n'auraient point d'odeur si tu ne venais les respirer.

Les nuits ne seraient pas aussi soupirantes, si tu ne les écoutais pas.

La lune ne montrerait pas un aussi bel argent, si tes yeux ne le polissaient.

Les eaux ne seraient pas aussi fraîches et aussi bercées, si tu ne foulais pas l'herbe qui les flatte.

Le gosier des oiseaux mignons ne serait pas aussi mélancolique, si tu n'agitais par ton passage les feuilles où ils se cachent.

Ame de mon amante, âme belle, grande, immense, religieuse, expressive, toute d'amour, toute de Dieu, comme tu coules en mon âme, si j'ai une âme, moi, car on est tenté de croire que toi seule aies toutes les âmes... »

(Dijon, Decailly, 1836)

THÉOPHILE GAUTIER

(1811-1872)

A UNE ROBE ROSE

Que tu me plais dans cette robe
Qui te déshabille si bien,
Faisant jaillir ta gorge en globe,
Montrant tout nu ton bras païen !

Frêle comme une aile d'abeille,
Frais comme un cœur de rose-thé,
Son tissu, caresse vermeille,
Voltige autour de ta beauté.

De l'épiderme sur la soie
Glissent des frissons argentés,
Et l'étoffe à la chair renvoie
Ses éclairs roses reflétés.

D'où te vient cette robe étrange
Qui semble faite de ta chair,
Trame vivante qui mélange
Avec ta peau son rose clair ?

Est-ce à la rougeur de l'aurore,
A la coquille de Vénus,
Au bouton de sein près d'éclore,
Que sont pris ces tons inconnus ?

Ou bien l'étoffe est-elle teinte
Dans les roses de ta pudeur ?
Non ; vingt fois modelée et peinte,
Ta forme connaît sa splendeur.

Jetant le voile qui te pèse,
Réalité que l'art rêva,
Comme la princesse Borghèse
Tu poserais pour Canova.

Et ces plis roses sont les lèvres
De mes désirs inapaisés,
Mettant au corps dont tu les sèvres
Une tunique de baisers.

(Emaux et camées)

(MARIE-RENÉ-CHARLES LECONTE)
dit
LECONTE DE LISLE
(1818-1894)

LA FILLE AUX CHEVEUX DE LIN

Sur la luzerne en fleur assise,
Qui chante dès le frais matin ?
C'est la fille aux cheveux de lin,
La belle aux lèvres de cerise.

L'amour, au clair soleil d'été,
Avec l'alouette a chanté.

Ta bouche a des couleurs divines,
Ma chère, et tente le baiser !
Sur l'herbe en fleur veux-tu causer,
Fille aux cils longs, aux boucles fines ?

L'amour, au clair soleil d'été,
Avec l'alouette a chanté.

Ne dis pas non, fille cruelle !
Ne dis pas oui ! J'entendrai mieux
Le long regard de tes grands yeux
Et ta lèvre rose, ô ma belle !

L'amour, au clair soleil d'été,
Avec l'alouette a chanté.

Adieu les daims, adieu les lièvres
Et les rouges perdrix ! Je veux
Baiser le lin de tes cheveux,
Presser la pourpre de tes lèvres !

L'amour, au clair soleil d'été,
Avec l'alouette a chanté.

(Poèmes antiques)

CHARLES BAUDELAIRE

(1821-1867)

HYMNE

A la très chère, à la très belle
Qui remplit mon cœur de clarté,
A l'ange, à l'idole immortelle,
Salut en l'immortalité !

Elle se répand dans ma vie
Comme un air imprégné de sel,
Et dans mon âme inassouvie
Verse le goût de l'éternel.

Sachet toujours frais qui parfume
L'atmosphère d'un cher réduit,
Encensoir oublié qui fume
En secret à travers la nuit,

Comment, amour incorruptible,
T'exprimer avec vérité ?
Grain de musc qui gis, invisible,
Au fond de mon éternité !

A la très bonne, à la très belle,
Qui fait ma joie et ma santé,
A l'ange, à l'idole immortelle,
Salut en l'immortalité !

(Oeuvres complètes)

PAUL VERLAINE

(1844-1816)

GREEN

Voici des fruits, des fleurs, des feuilles et des branches
Et puis voici mon cœur, qui ne bat que pour vous.
Ne le déchirez pas avec vos deux mains blanches
Et qu'à vos yeux si beaux l'humble présent soit doux.

J'arrive tout couvert encore de rosée
Que le vent du matin vient glacer à mon front
Souffrez que ma fatigue, à vos pieds reposée,
Rêve des chers instants qui la délasseront.

Sur votre jeune sein laissez rouler ma tête
Toute sonore encor de vos derniers baisers ;
Laissez-la s'apaiser de la bonne tempête,
Et que je dorme un peu puisque vous reposez.

(Romances sans paroles)

GERMAIN NOUVEAU

(1851-1920)

LE BAISER

(extrait)

« Tout fait l'amour. » Et moi, j'ajoute,
Lorsque tu dis « tout fait l'amour » :
Même le pas avec la route,
La baguette avec le tambour.

Même le doigt avec la bague,
Même la rime et la raison,
Même le vent avec la vague,
Le regard avec l'horizon.

Même le rire avec la bouche,
Même l'osier et le couteau,
Même le corps avec la couche,
Et l'enclume sous le marteau.

Même le fil avec la toile,
Même la terre avec le ver,
Le bâtiment avec l'étoile,
Et le soleil avec la mer.

Comme la fleur et comme l'arbre,
Même la cédille et le ç,
Même l'épitaphe et le marbre,
La mémoire avec le passé.

(...)

Oui, tout fait l'amour sous les ailes
De l'Amour, comme en son Palais,
Même les tours des citadelles
Avec la grêle des boulets.

Même les cordes de la harpe
Avec la phalange du doigt.
Même le bras avec l'écharpe,
Et la colonne avec le toit.

Le coup d'ongle ou le coup de griffe,
Tout, enfin tout dans l'univers,
Excepté la joue et la gifle
Car... dans ce cas c'est à l'envers.

(Valentines)

HENRI DE RÉGNIER

(1864-1936)

ODELETTE

Si j'ai parlé
De mon amour, c'est à l'eau lente
Qui m'écoute quand je me penche
Sur elle ; si j'ai parlé
De mon amour, c'est au vent
Qui rit et chuchote entre les branches ;
Si j'ai parlé de mon amour, c'est à l'oiseau
Qui passe et chante
Avec le vent ;
Si j'ai parlé
C'est à l'écho.

Si j'ai aimé de grand amour,
Triste ou joyeux,
Ce sont tes yeux ;
Si j'ai aimé de grand amour,
Ce fut ta bouche grave et douce,
Ce fut ta bouche ;
Si j'ai aimé de grand amour,
Ce furent ta chair tiède et tes mains fraîches,
Et c'est ton ombre que je cherche.

(Les jeux rustiques et divins)

GUILLAUME APOLLINAIRE

(1880-1918)

PER TE PRAESENTIT ARUSPEX

O mon très cher amour, toi mon œuvre et que j'aime,
A jamais j'allumai le feu de ton regard,
Je t'aime comme j'aime une belle œuvre d'art,
Une noble statue, un magique poème.

Tu seras, mon aimée, un témoin de moi-même.
Je te crée à jamais pour qu'après mon départ,
Tu transmettes mon nom aux hommes en retard
Toi, la vie et l'amour, ma gloire et mon emblème ;

Et je suis soucieux de ta grande beauté
Bien plus que tu ne peux toi-même en être fière :
C'est moi qui l'ai conçue et faite tout entière.

Ainsi, belle œuvre d'art, nos amours ont été
Et seront l'ornement du ciel et de la terre,
O toi, ma créature et ma divinité !

(Il y a. Poésies complètes)

FRANCIS CARCO

(1886-1958)

IL PLEUT

Il pleut — c'est merveilleux. Je t'aime.
Nous resterons à la maison :
Rien ne nous plaît plus que nous-mêmes
Par ce temps d'arrière-saison.

Il pleut. Les taxis vont et viennent.
On voit rouler les autobus
Et les remorqueurs sur la Seine
Font un bruit... qu'on ne s'entend plus.

C'est merveilleux : il pleut. J'écoute
La pluie dont le crépitement
Heurte la vitre goutte à goutte...
Et tu me souris tendrement.

Je t'aime. Oh ! ce bruit d'eau qui pleure,
Qui sanglote comme un adieu.
Tu vas me quitter tout à l'heure :
On dirait qu'il pleut dans tes yeux.

(Poèmes et proses)

PIERRE REVERDY

(1889-1960)

POUR LE MOMENT

La vie est simple et gaie
Le soleil clair tinte avec un bruit doux
Le son des cloches s'est calmé
Ce matin la lumière traverse tout
Ma tête est une lampe rallumée
Et la chambre où j'habite est enfin éclairée

Un seul rayon suffit
Un seul éclat de rire
Ma joie qui secoue la maison
Retient ceux qui voudraient mourir
Par les notes de sa chanson

Je chante faux
Ah que c'est drôle
Ma bouche ouverte à tous les vents
Lance partout des notes folles
Qui sortent je ne sais comment
Pour voler vers d'autres oreilles

Entendez je ne suis pas fou
Je ris au bas de l'escalier
Devant la porte grande ouverte
Dans le soleil éparpillé
Au mur parmi la vigne verte
Et mes bras sont tendus vers vous

C'est aujourd'hui que je vous aime

(Plupart du temps)

LOUIS ARAGON

(1897-1982)

QUE SERAIS-JE SANS TOI

Que serais-je sans toi qui vins à ma rencontre
Que serais-je sans toi qu'un cœur au bois dormant
Que cette heure arrêtée au cadran de la montre
Que serais-je sans toi que ce balbutiement

J'ai tout appris de toi sur les choses humaines
Et j'ai vu désormais le monde à ta façon
J'ai tout appris de toi comme on boit aux fontaines
Comme on lit dans le ciel les étoiles lointaines
Comme au passant qui chante on reprend sa chanson
J'ai tout appris de toi jusqu'au sens du frisson

Que serais-je sans toi qui vins à ma rencontre
Que serais-je sans toi qu'un cœur au bois dormant
Que cette heure arrêtée au cadran de la montre
Que serais-je sans toi que ce balbutiement

J'ai tout appris de toi pour ce qui me concerne
Qu'il fait jour à midi qu'un ciel peut être bleu
Que le bonheur n'est pas un quinquet de taverne
Tu m'as pris par la main dans cet enfer moderne
Où l'homme ne sait plus ce que c'est qu'être deux
Tu m'as pris par la main comme un amant heureux

Que serais-je sans toi qui vins à ma rencontre
Que serais-je sans toi qu'un cœur au bois dormant
Que cette heure arrêtée au cadran de la montre
Que serais-je sans toi que ce balbutiement

Qui parle de bonheur a souvent les yeux tristes
N'est-ce pas un sanglot de la déconvenue
Une corde brisée aux doigts du guitariste
Et pourtant je vous dis que le bonheur existe
Ailleurs que dans le rêve ailleurs que dans les nues
Terre terre voici ses rades inconnues

Que serais-je sans toi qui vins à ma rencontre
Que serais-je sans toi qu'un cœur au bois dormant
Que cette heure arrêtée au cadran de la montre
Que serais-je sans toi que ce balbutiement

(Prose du bonheur et d'Elsa)

JACQUES PRÉVERT

(1900-1977)

LA PLAGE DES SABLES BLANCS

Oubliettes des châteaux de sable
Meurtrières fenêtres de l'oubli
Tout est toujours pareil
Et cependant tout a changé
Tu étais nue dans le soleil
Tu étais nue tu te baignais
Les galets roulent avec la mer
Et toujours toujours j'entendrai
Leur doux refrain de pierres heureuses
Leur gai refrain de pierres mouillées
Déchirant refrain des vacances
Perdu dans les vagues du souvenir
Déchirants souvenirs de l'enfance
Brûlée vive par le désir
Merveilleux souvenir de l'enfance
Eblouie par le plaisir.

(Histoires)

JEAN DURTAL
(1905)

CONFITURES

Je t'ai trouvée en gros tablier bleu
Toute penchée, air grave et joues pourprées
Sur un chaudron que léchait un grand feu
Et qu'emplissaient des prunes mordorées...

L'Eté vibrant de bondissantes sèves
Riait en toi, sur tes lèvres en fleurs,
Sur tes bras nus dont la chaude couleur
Semble volée au sable roux des grèves.

Midi criant d'aveuglante lumière
Criblait ton cou de rayons précieux ;
Par les volets mi-clos un coin des cieux
Brillait, brodé d'une rose trémière...

Lors, altéré par la chaleur du jour,
Je suis entré, ma douce bien-aimée,
Et t'enlaçant tout éperdu d'amour,
J'ai bu l'Eté sur ta bouche embaumée...

(La Fontaine du soir)

MARCEL BÉALU

(1908)

POÈME À DIRE

La liberté ne s'écrit pas sur la forme changeante des
[nuages
La liberté n'est pas une sirène cachée au fond des eaux
La liberté ne vole pas au gré des vents
Comme la lunule du pissenlit
La liberté en robe de ciel ne va pas dîner chez les rats
Elle n'allume pas ses bougies de Noël
Aux lampions du 14 juillet

La liberté je lui connais un nom plus court
Ma liberté s'appelle Amour
Elle a la forme d'un visage
Elle a le visage du bonheur.

(L'Air de vie)

PATRICE DE LA TOUR DU PIN

(1911-1975)

LAURENCE ENDORMIE

Cette odeur sur les pieds, de narcisse et de menthe
Parce qu'ils ont foulé dans leur course légère
Fraîches écloses, les fleurs des nuits printanières
Remplira tout mon cœur de ses vagues dormantes ;

Et peut-être très loin sur ces jambes polies,
Tremblant de la caresse encor de l'herbe haute,
Ce parfum végétal qui monte, lorsque j'ôte
Tes bas éclaboussés de rosée ou de pluie ;

Jusqu'à cette rancœur du ventre pâle et lisse
Où l'ambre et la sueur divinement se mêlent
Aux pétales séchés au milieu des dentelles
Quand sur les pentes d'ombre inerte mes mains glissent.

Laurence... jusqu'aux flux brûlants de ta poitrine,
Gonflée et toute crépitante de lumière
Hors de la fauve floraison des primevères
Où s'épuisent en vain ma bouche et mes narines,

Jusqu'à la senteur lourde de ta chevelure,
Eparse sur le sol comme une étoile blonde,
Où tu as répandu tous les parfums du monde
Pour assouvir enfin la soif qui me torture !

(La Quête de joie)

CLAUDE ROY

(1915)

PETIT MATIN

Je te reconnaîtrai aux algues de la mer
au sel de tes cheveux aux herbes de tes mains
Je te reconnaîtrai au profond des paupières
Je fermerai les yeux tu me prendras la main

Je te reconnaîtrai quand tu viendras pieds nus
sur les sentiers brûlants d'odeurs et de soleil
les cheveux ruisselants sur tes épaules nues
et les seins ombragés des palmes du sommeil

Je laisserai alors s'envoler les oiseaux
les oiseaux long-courriers qui traversent les mers
Les étoiles aux vents courberont leurs fuseaux
Les oiseaux très pressés fuiront dans le ciel clair

Je t'attendrai en haut de la plus haute tour
où pleurent nuit et jour les absents dans le vent
Quand les oiseaux fuiront je saurai que le jour
est là marqué des pas de celle que j'attends

Complices du soleil je sens mon corps mûrir
de la patience aveugle et laiteuse des fruits
ses froides mains de ciel lentement refleurir
dans le matin léger qui jaillit de la nuit.

(Le Poète mineur)

JEAN ORIZET
(1937)

LES MAUVAIS JOURS

Que mon bonheur porte ton nom,
que tes yeux rongent mon espace,
que je sois ton terrain conquis.

Ainsi deviendrons-nous
cette rose unique
à jamais sauvée
du long dessèchement.

Ainsi pourrons-nous vivre
sans faiblir au cœur
des foules grimaçantes
et soutenir la lumière crue
des mauvais jours.

(En soi le chaos)

2.
LES BONHEURS À REVIVRE

Ce sont ceux de l'enfance : « Gaufre, manège, tir, cirque, feux d'artifice... » dont se grise la mémoire de Jean Cocteau, chercheur de trèfles à quatre feuilles. C'est aussi Jean Durtal qui, face aux Monts Liban, soupire : « Dans un an, dans dix ans, dans mille ans ou jamais, les reverrons-nous ensemble ? » Et cette question de Marie Noël, l'incomparable : « Rouge-gorge, du bonheur, sais-tu ce qu'il en reste encore ? »

ANDRÉ CHÉNIER
(1762-1794)

J'étais un faible enfant, qu'elle était grande et belle ;
Elle me souriait et m'appelait près d'elle.
Debout sur ses genoux, mon innocente main
Parcourait ses cheveux, son visage, son sein,
Et sa main quelquefois, aimable et caressante,
Feignait de châtier mon enfance imprudente.

C'est devant ses amants, auprès d'elle confus,
Que la fière beauté me caressait le plus.
Que de fois (mais, hélas ! que sent-on à cet âge ?)
Les baisers de sa bouche ont pressé mon visage !
Et les bergers disaient, me voyant triomphant :
« Oh ! que de biens perdus ! O trop heureux enfant ! »

(Fragments d'Idylles)

GÉRARD DE NERVAL

(1808-1855)

UNE ALLÉE DU LUXEMBOURG

Elle a passé, la jeune fille
Vive et preste comme un oiseau :
A la main une fleur qui brille,
A la bouche un refrain nouveau.

C'est peut-être la seule au monde
Dont le cœur au mien répondrait,
Qui venant dans ma nuit profonde
D'un seul regard l'éclaircirait !

Mais non, — ma jeunesse est finie...
Adieu, doux rayon qui m'as lui, —
Parfum, jeune fille, harmonie...
Le bonheur passait, — il a fui !

(En marge des Petits Châteaux de Bohême)

ANNA DE NOAILLES

(1876-id. 1933)

J'ÉCRIS POUR QUE LE JOUR...

J'écris pour que le jour où je ne serai plus
On sache comme l'air et le plaisir m'ont plu,
Et que mon livre porte à la foule future
Comme j'aimais la vie et l'heureuse Nature.

Attentive aux travaux des champs et des maisons,
J'ai marqué chaque jour la forme des saisons,
Parce que l'eau, la terre et la montante flamme
En nul endroit ne sont si belles qu'en mon âme !

J'ai dit ce que j'ai vu et ce que j'ai senti,
D'un cœur pour qui le vrai ne fut point trop hardi,
Et j'ai eu cette ardeur, par l'amour intimée,
Pour être, après la mort, parfois encore aimée,

Et qu'un jeune homme, alors, lisant ce que j'écris,
Sentant par moi son cœur ému, troublé, surpris,
Ayant tout oublié des épouses réelles,
M'accueille dans son âme et me préfère à elles...

(L'Ombre des jours)

(MARIE ROUGET)
dite
MARIE NOËL
(1883-1967)

CHANT DE ROUGE-GORGE

Au mois de mai j'avais le cœur si grand
Que pour l'emplir je me suis en allée
Cherchant l'amour, sans savoir quelle allée,
Pour le rencontrer, quel chemin on prend...

Rouge-gorge, au fond du bois incolore,
Au bout des sentiers dont il te souvient,
Du printemps, sais-tu s'il en reste encore ?
        L'hiver vient...

J'allais, j'allais. Où trouver de l'amour ?
Au bas de la côte, au faîte, derrière ?
Au fond du bois, au bout de la rivière ?
Ici, là-bas, à ce prochain détour ?...

Rouge-gorge, au fond du bois incolore,
Au bout des sentiers dont il te souvient,
De l'été, sais-tu s'il en reste encore ?
        L'hiver vient...

Quand je le vis, je n'osai pas à temps
M'en approcher ou lui faire une avance ;
Je l'attendais ouvrant mon cœur immense...
Il n'est tombé qu'une goutte dedans...

Rouge-gorge, au fond du bois incolore,
Au bout des sentiers dont il te souvient,
Du soleil, sais-tu s'il en reste encore ?
L'hiver vient...

Est-ce là tout, cette goutte, est-ce tout ?
Je voudrais bien recommencer l'année,
La goutte d'eau qui m'était destinée,
Je voudrais bien la boire encore un coup...

Rouge-gorge, au fond du bois incolore,
Au bout des sentiers dont il te souvient,
Des feuilles, sais-tu s'il en reste encore ?
L'hiver vient...

Est-ce bien tout ?... Peut-être, dans un coin
Que j'oubliai, peut-être avant la neige,
Un peu d'amour encor le trouverai-je,
Peut-être ici, peut-être un peu plus loin...

Rouge-gorge, au fond du bois incolore,
Au bout des sentiers dont il te souvient,
Du bonheur, sais-tu s'il en reste encore ?
L'hiver vient...

(Les Chansons et les heures)

TRISTAN DERÊME

(1889-1941)

LXXI

Je crayonne ton nom sur la peau d'un tambour
Au corps de garde. Où est le jour ? où est le jour
Où tu tendis tes mains vers mes lèvres ? La pluie
Battait les vitres. Dans ma mémoire éblouie
Tu refleuris, bouquet de roses qui trempais
Dans l'ombre et parfumais l'oubli des canapés.
Sur toi mon souvenir est la caresse douce
D'un clair de lune sur les collines. Soir d'où ce
Bonheur m'est venu ! Soir rare dont je rêve en
Larmes, où j'ai compris ton visage fervent
Qu'atténuait déjà le charme des automnes.
J'avais un air mélancolique et des gants jaunes.

(La Verdure dorée)

JEAN COCTEAU

(1889-1963)

FINALE

(extrait)

Seine-et-Oise j'y trouve un trèfle à quatre feuilles
Là-haut les cerfs-volants à nattes de chinois
Et le mal du pays enfant que tu le veuilles
Ou non et le noyer où je gaulais des noix

Tisane du tilleul comme vos immortelles
Delphes et votre aveugle aurige aux yeux d'émail
Les boulistes du club harnachés de bretelles
La marche d'Aïda sur le kiosque du mail

Plus loin Maisons-Laffitte et la grille du riche
Sartrouville sa foire où je m'étais perdu
Le dénicheur de nids que le garde déniche
Et même un soir la valse lente d'un pendu

Gaufres manèges tirs cirques feux d'artifice
De ces humbles trésors dois-je me détacher
Pourrai-je mes amis faire le sacrifice
De revivre sans vous de bûcher en bûcher

(Cérémonial espagnol du Phénix)

JEAN-BAPTISTE CLÉMENT

(1836-1903)

LE TEMPS DES CERISES

Quand nous en serons au temps des cerises,
Et gai rossignol et merle moqueur
  Seront tous en fête.
Les belles auront la folie en tête
Et les amoureux du soleil au cœur.
Quand nous en serons au temps des cerises,
Sifflera bien mieux le merle moqueur.

Mais il est bien court le temps des cerises,
Où l'on s'en va deux cueillir en rêvant
  Des pendants d'oreilles,
Cerises d'amour aux robes pareilles
Tombant sous la feuille en gouttes de sang.
Mais il est bien court le temps des cerises,
Pendants de corail qu'on cueille en rêvant.

Quand vous en serez au temps des cerises,
Si vous avez peur des chagrins d'amour
  Evitez les belles.
Moi qui ne crains pas les peines cruelles,
Je ne vivrai pas sans souffrir un jour.
Quand vous en serez au temps des cerises,
Vous aurez aussi des chagrins d'amour.

J'aimerai toujours le temps des cerises :
C'est de ce temps-là que je garde au cœur
Une plaie ouverte,
Et dame Fortune, en m'étant offerte,
Ne saurait jamais calmer ma douleur.
J'aimerai toujours le temps des cerises
Et le souvenir que je garde au cœur.

JEAN DURTAL

(1905)

MONTS LIBAN

Cette route qu'hier nous avons faite ensemble,
cette route escarpée où la lumière du soir tremble
face à ces Monts Liban que blottie en ton bras j'aimai
  la ferons-nous encore un dimanche de Mai
    la referons-nous ensemble,
dans un an, dans dix ans, dans mille ans, ou jamais ?
    Ce cheval bai qui trottait l'amble
    buriné comme au trait sur le ciel violet,
ce cheval fantomal d'astres auréolé
    et cet arbre qui te ressemble,
  ce cèdre que les ors du couchant enflammaient,
dans un an, dans dix ans, dans mille ans, ou jamais,
    les reverrons-nous ensemble ?
    Mon bien-aimé, tu dormais...
des fleurs coupées en tes mains tiédies embaumaient
    et notre amour était un temple
    où de grands cierges s'allumaient,
des cierges aussi blancs que ces lys blancs de Mai
  qu'au pied des autels je contemple...
Tes deux mains assoupies que le sommeil assemble
Cette route qu'hier nous avons faite ensemble
  face à ces Monts Liban qui sont miens désormais,
  Ce cheval bai qui trottait l'amble,
  cet arbre que le feu du couchant enflammait
au seuil d'une nuit bleue où tout d'un jour se consumait,

les reverrai-je encore un dimanche de Mai ?
Au bord des siècles mon cœur tremble...
Où sont-elles ces fleurs qui naguère embaumaient ?
l'Eternité est-elle un temple où Dieu rassemble
Un jour et pour toujours ceux qui s'aimaient ?
Au seuil de la nuit mon cœur tremble...
Cette route qu'hier nous avons faite ensemble,
la ferons-nous encore un dimanche de Mai ?

(La Fontaine du soir)

3.
EROS EST MON BONHEUR

Foin des puritains et des Tartuffes ! La muse française est franche et gaillarde. Diantre, aimer sa belle, ce n'est point pécher ! En dire les beautés, c'est rendre hommage au Créateur à qui l'on doit d'aussi jolies personnes. Bien prendre garde à laisser deviner plutôt qu'à tout montrer. Jamais rien pour le vulgaire. Eve et Margot s'effaroucheraient.

CLÉMENT MAROT

(1496-1544)

BLASON DU TETIN

Tetin reffaict, plus blanc qu'ung œuf,
Tetin de satin blanc tout neuf,
Tetin qui faitz honte à la rose,
Tetin plus beau que nulle chose
Tetin d'or, non pas Tetin, voyre,
Mais petite boulle d'Ivoire,
Au milieu de qui est assise
Une Fraise, ou une Serise
Que nul ne voyt, ne touche aussi,
Mais je gage qu'il est ainsi.
Tetin donc au petit bout rouge,
Tetin qui jamais ne se bouge,
Soit pour venir, soit pour aller,
Soit pour courir, soit pour baller.
Tetin gauche, tetin mignon,
Tetin loing de son compaignon,
Tetin qui portes tesmoignage
Du demourant du personnage,
Quand on te voit, il vient à maintz
Une envie dedant les mains
De te taster, de te tenir :
Mais il se fault bien contenir
D'en approcher, bon gré ma vie,
Car il en viendroit autre envye.
O tetin, ne grand, ne petit,
Tetin meur, tetin d'appetit,
Tetin qui nuyct & jour criez :

Mariez moy tost, mariez !
Tetin qui tant t'enfles, & repoulses
Ton gorgias de deux bons poulces,
A bon droit heureux on dira
Celluy qui de laict t'emplira,
Faisant d'ung tetin de pucelle
Tetin de femme entiere & belle.

PIERRE DE RONSARD

(1524-1585)

Quand au temple nous serons
Agenouillés, nous ferons
Les dévots selon la guise
De ceux qui pour louer Dieu,
Humbles se courbent au lieu
Le plus secret de l'église.

Mais quand au lit nous serons
Entrelacés, nous ferons
Les lascifs, selon les guises
Des Amants, qui librement
Pratiquent folâtrement
Dans les draps cent mignardises.

Pourquoi doncque, quand je veux
Ou mordre tes beaux cheveux,
Ou baiser ta bouche aimée,
Ou toucher ton beau sein,
Contrefais-tu la nonnain
Dedans un cloître enfermée ?

(Les Amours)

SONNET POUR HÉLÈNE DE SURGÈRES

Maîtresse, embrasse-moi, baise-moi, serre-moi,
Haleine contre haleine, échauffe-moi la vie,
Mille et mille baisers donne-moi, je te prie ;
Amour veut tout sans nombre, Amour n'a point de loi.

Baise et rebaise-moi ; belle bouche, pourquoi
Te gardes-tu, là-bas, quand tu seras blêmie,
A baiser de Pluton ou la femme ou l'amie,
N'ayant plus ni couleur, ni rien semblable à toi ?

En vivant presse-moi de tes lèvres de roses ;
Bégaye en me baisant, à lèvres demi closes,
Mille mots tronçonnés, mourant entre mes bras.

Je mourrai dans les tiens, puis, toi ressuscitée,
Je ressusciterai ; allons ainsi là-bas ;
Le jour, tant soit-il court, vaut mieux que la nuitée.

(Les Amours)

LES AMOURS

XXIII

Mignonne, levez-vous, vous êtes paresseuse,
Ja la gaie alouette au ciel a fredonné,
Et ja le rossignol doucement jargonné
Dessus l'épine assis, sa complainte amoureuse,
Debout donc, allons voir l'herbelette perleuse,
Et votre beau rosier de boutons couronné,
Et vos œillets aimés, auxquels avez donné
Hier au soir de l'eau, d'une main si soigneuse.
Hier en vous couchant, vous me fîtes promesse
D'être plus tôt que moi ce matin éveillée,
Mais le sommeil vous tient encor toute sillée :
Ian, je vous punirai du péché de paresse,
Je vais baiser cent fois votre œil, votre tétin,
Afin de vous apprendre à vous lever matin.

(Les Amours)

LOUISE LABÉ

(1524-1573)

SONNET

Baise m'encor, rebaise-moi et baise :
Donne-m'en un de tes plus savoureux,
Donne-m'en un de tes plus amoureux :
Je t'en rendrai quatre plus chauds que braise.

Las, te plains-tu ? ça que ce mal j'apaise,
En t'en donnant dix autres doucereux.
Ainsi mêlant nos baisers tant heureux
Jouissons-nous l'un de l'autre à notre aise.

Lors double vie à chacun ensuivra ;
Chacun en soi et son ami vivra.
Permets m'Amour penser quelque folie :

Toujours suis mal, vivant discrètement,
Et ne me puis donner contentement
Si hors de moi ne fais quelque saillie.

(Sonnets)

OLIVIER DE MAGNY

(1529-1561)

SONNET A MESME

En esté, dans un val, quand le chant est extresme,
J'aime à baiser sa bouche et toucher son testin
Et, sans autre effet, faire un petit festin,
Non de chair, mais de fruit, de fraises et de cresme.

JEAN-ANTOINE DE BAÏF

(1532-1589)

LES AMOURS

XX

O doux plaisir plein de doux pensement,
Quand la douceur de la douce mêlée
Etreint et joint l'âme en l'âme mêlée,
Le corps au corps accouplé doucement.

O douce vie, ô doux trépassement,
Mon âme alors de grand joie troublée,
De moi dans toi s'écoulant à l'emblée,
Puis haut, puis bas, quiert son ravissement.

Quand nous ardents, Méline, d'amour forte,
Moi d'être en toi, toi d'en toi tout me prendre,
Par cela mien, qui dans toi entre plus,

Tu le reçois, me laissant masse morte ;
Puis vient ta bouche en ma bouche le rendre,
Me ranimant tous mes membres perclus.

(Les Amours)

CHRISTINE DES ROCHES

(v 1542-v 1587)

SONNET

Bouche dont la douceur m'enchante doucement
Par la douce faveur d'un honnête sourire,
Bouche qui soupirant d'un amoureux martyre,
Apaisez la douleur de mon cruel tourment !

Bouche, de tous mes maux le seul allégement,
Bouche qui respirez un gracieux zéphyr(e) :
Qui les plus éloquents surpassez à bien dire
A l'heure qu'il vous plaît de parler doctement ;

Bouche pleine de lys, de perles et de roses,
Bouche qui retenez toutes grâces encloses,
Bouche qui recelez tant de petits amours,

Par vos perfections, ô bouche sans pareille,
Je me perds de douceur, de crainte et de merveille
Dans vos ris, vos soupirs et vos sages discours.

THÉOPHILE DE VIAU

(1590-1626)

LA SOLITUDE
ODE

(Extrait)

Sus, ma Corine ! que je cueille
Tes baisers du matin au soir !
Vois comment, pour nous faire asseoir,
Ce myrthe a laissé choir sa feuille !

Ois le pinçon et la linotte,
Sur la branche de ce rosier ;
Vois branler leur petit gosier !
Ois comme ils ont changé de note !

Approche, approche, ma Dryade !
Ici murmureront les eaux ;
Ici les amoureux oiseaux
Chanteront une sérénade.

Prête-moi ton sein pour y boire
Des odeurs qui m'embaumeront ;
Ainsi mes sens se pâmeront
Dans les lacs de tes bras d'ivoire.

Je baignerai mes mains folâtres
Dans les ondes de tes cheveux,
Et ta beauté prendra les vœux
De mes œillades idolâtres.

PAUL VALÉRY

(1871-1945)

LE SYLPHE

Ni vu ni connu
Je suis le parfum
Vivant et défunt
Dans le vent venu !

Ni vu ni connu,
Hasard ou génie ?
A peine venu
La tâche est finie !

Ni lu ni compris ?
Aux meilleurs esprits
Que d'erreurs promises !

Ni vu ni connu,
Le temps d'un sein nu
Entre deux chemises !

(Charmes)

4.
LE BONHEUR EST AUX JARDINS

L'amour est universel. Mais les Français, mieux que d'autres peut-être, savent qu'il se tient dans les jardins. Ses fleurs y sont de plein soleil, ses fruits mûrissent dans l'ombre des feuilles. Toutes les allées, par quelque détour, nous guident jusqu'aux tonnelles où les baisers ont le goût des framboises écrasées. C'est vrai, la nature est faite pour la main de l'homme et pour sa bouche. Et les Français, selon Péguy, sont le vrai « peuple jardinier ».

RÉMY BELLEAU

(1528-1577)

AVRIL

Avril l'honneur et des bois
        Et des mois,
Avril, la douce espérance
Des fruits qui sous le coton
        Du bouton
Nourrissent leur jeune enfance ;

Avril, l'honneur des prés verts,
        Jaunes, pers,
Qui, d'une humeur bigarrée,
Emaillent de mille fleurs
        De couleurs
Leur parure diaprée ;

Avril, l'honneur des soupirs
        Des zéphyrs,
Qui, sous le vent de leur aile,
Dressent encore, ès forêts,
        Des doux rêts
Pour ravir Flore la belle ;

Avril, c'est ta douce main
        Qui, du sein
De la nature, desserre
Une moisson de senteurs
        Et de fleurs,
Embaumant l'air et la terre.

Avril, l'honneur verdissant,
    Florissant
Sur les tresses blondelettes
De ma dame, et de son sein
    Toujours plein
De mille et mille fleurettes ;

Avril, la grâce et le ris
    De Cypris,
Le flair et la douce haleine ;
Avril, le parfum des dieux
    Qui des cieux
Sentent l'odeur de la plaine.

C'est toi courtois et gentil
    Qui d'exil
Retires ces passagères
Ces arondelles qui vont
    Et qui sont
Du printemps les messagères.

L'aubépine et l'églantin,
    Et le thym,
L'œillet, le lis et les roses,
En cette belle saison,
    A foison,
Montrent leurs robes écloses.

Le gentil rossignolet,
    Doucelet,
Découpe dessous l'ombrage
Mille fredons babillards,
    Frétillards
Au doux chant de son ramage.

C'est à ton heureux retour
    Que l'amour

Souffle à doucettes haleines
Un feu croupi et couvert
Que l'hiver
Recélait dedans nos veines.

Tu vois en ce temps nouveau
L'essaim beau
De ces pillardes avettes [1]
Voleter de fleur en fleur
Pour l'odeur
Qu'ils mussent en leurs cuissettes.

Mai vantera ses fraîcheurs,
Ses fruits meurs
Et sa féconde rosée,
La manne et le sucre doux,
Le miel roux,
Dont sa grâce est arrosée.

Mais moi je donne ma voix
A ce mois,
Qui prend le surnom de celle
Qui de l'écumeuse mer
Vit germer
Sa naissance maternelle.

(1) Abeille.

FRANÇOIS DE MALHERBE

(1555-1628)

CHANSON

(extrait)

Sus, debout, la merveille des belles !
Allons voir sur les herbes nouvelles
Luire un émail dont la vive peinture
Défend à l'art d'imiter la nature.

L'air est plein d'une haleine de roses,
Tous les vents tiennent leurs bouches closes,
Et le soleil semble sortir de l'onde
Pour quelque amour, plus que pour luire au monde.

On diroit, à lui voir sur la tête
Ses rayons comme un chapeau de fête,
Qu'il s'en va suivre en si belle journée
Encore un coup la fille de Pénée.

Toute chose aux délices conspire,
Mettez-vous en votre humeur de rire ;
Les soins profonds d'où les rides nous viennent,
A d'autres ans qu'aux vôtres appartiennent.

Il fait chaud, mais un feuillage sombre
Loin du bruit nous fournira quelque ombre,
Où nous ferons parmi les violettes
Mépris de l'ambre et de ses cassolettes.

Près de nous sur les branches voisines
Des genêts, des houx et des épines,
Le rossignol, déployant ses merveilles,
Jusqu'aux rochers donnera des oreilles.

Et peut-être à travers des fougères
Verrons-nous de bergers à bergères,
Sein contre sein et bouche contre bouche,
Naître et finir quelque douce escarmouche.

C'est chez eux qu'Amour est à son aise,
Il y saute, il y danse, il y baise,
Et foule aux pieds les contraintes serviles
De tant de lois qui le gênent aux villes.

(...)

(Poésies complètes)

ANTOINE GIRARD DE SAINT-AMAND

(1594-1661)

L'AUTOMNE DES CANARIES

Voici les seuls coteaux, voici les seuls vallons
Où Bacchus et Pomone ont établi leur gloire ;
Jamais le riche honneur de ce beau territoire
Ne ressentit l'effort des rudes aquilons.

Les figues, les muscats, les pêches, les melons
Y couronnent ce dieu qui se délecte à boire ;
Et les nobles palmiers, sacrés à la victoire,
S'y courbent sous des fruits qu'au miel nous égalons.

Les cannes au doux suc, non dans les marécages,
Mais sur les flancs de roche, y forment des bocages
Dont l'or plein d'ambroisie éclate et monte aux cieux.

L'orange en même jour y mûrit et boutonne,
Et durant tous les mois on peut voir en ces lieux
Le printemps et l'été confondus en l'automne.

(Les Oeuvres)

VINCENT VOITURE

(1597-1648)

SONNET

Sous un habit de fleurs la nymphe que j'adore
L'autre soir apparut si brillante en ces lieux,
Qu'à l'éclat de son teint et celui de ses yeux,
Tout le monde la prit pour la naissante Aurore.

La terre, en la voyant, fit mille fleurs éclore ;
L'air fut partout rempli de chants mélodieux,
Et les feux de la nuit pâlirent dans les cieux
Et crurent que le jour recommençait encore.

Le soleil qui tombait dans le sein de Thétis,
Rallumant tout à coup ses rayons amortis,
Fit tourner ses chevaux pour aller après elle.

Et l'empire des flots ne l'eût su retenir ;
Mais la regardant mieux et la voyant si belle,
Il se cacha sous l'onde et n'osa revenir.

VICTOR DE LAPRADE

(1812-1883)

LES VENDANGES

(extrait)

Hier on cueillait à l'arbre une dernière pêche,
Et ce matin, voici, dans l'aube épaisse et fraîche,
L'automne qui blanchit sur les coteaux voisins.
Un fin givre a ridé la pourpre des raisins.
Là-bas, voyez-vous poindre, au bout de la montée,
Les ceps aux feuilles d'or, dans la brume argentée ?
L'horizon s'éclaircit en de vagues rougeurs,
Et le soleil levant conduit les vendangeurs.
Avec des cris joyeux, ils entrent dans la vigne ;
Chacun, dans le sillon que le maître désigne,
Serpe en main, sous le cep a posé son panier.
Honte à qui reste en route et finit le dernier !
Les rires, les clameurs stimulent sa paresse !
Aussi, comme chacun dans sa gaîté se presse !
Presque au milieu du champ, déjà brille, là-bas,
Plus d'un rouge corsage entre les échalas ;
Voici qu'un lièvre part, on a vu ses oreilles ;
La grive au cri perçant fuit et rase les treilles.
Malgré les rires fous, les chants à pleine voix,
Tout panier est déjà vidé plus d'une fois,
Et bien des chars ployant sous l'heureuse vendange,
Escortés des enfants, sont partis pour la grange.
Au pas lent des taureaux les voilà revenus,

Rapportant tout l'essaim des marmots aux pieds nus.
On descend, et la troupe à grand bruit s'éparpille,
Va des chars aux paniers, revient, saute et grappille,
Près des ceps oubliés se livre des combats.
Qu'il est doux de les voir, si vifs dans leurs ébats,
Préludant par des pleurs à de folles risées,
Tout empourprés du jus des grappes écrasées !

(Oeuvres poétiques)

COLETTE

(1873-1954)

JARDINS PRISONNIERS

(extrait)

Mon voisin fut, il y a deux mois, jaloux de mon faux ébénier jaune, puis de ma glycine, puissante déjà en son jeune âge et qui jette, du mur au tilleul, du tilleul aux rosiers grimpants, son serpent tors dégouttant de grappes mauves et lourd d'odeurs. Mais dans le même temps je couvrais d'un envieux regard ses cerisiers à fleur double, et comment lutter, juillet venu, contre ses géraniums ? Leur velours rouge se hausse, en plein midi, jusqu'à un indicible violet, exigé mystérieusement par la lumière verticale... Patience ! il verra, mon voisin, mes sauges pourpres en octobre et en novembre.

Et, sans attendre, il peut toujours évaluer de l'œil, sur ces ambitieux bâtons croisés que je décore du nom de « roseraie », le poids des paquets de roses, chavirés comme des têtes ivres. A mon autre voisin, j'ai abandonné les fleurs d'ombre, la clématite autant bleue que violette, les muguets, les bégonias que le soleil, en une heure, blettit. Un vieux jardin proche nourrit un althæa géant, pour lequel on a sacrifié tout le reste des créatures végétales, car il est beau, âgé, infatigable, et porte une illumination de corolles, rosées à leur éclosion, mauves à leur déclin. L'aubépine, rouge gloire des printemps bretons, flambe un peu plus loin, et la vigne touffue, gouvernée comme une mosaïque sur une façade de petit hôtel, console, en pelouses verticales, l'humeur agreste d'un Auteuillois qui n'a, de terre, que l'épaisseur et la surface d'une caisse à oranger.

Aimable rivalité qui arme, au seuil des jardins prisonniers, de vieilles gens et des enfants sages, levée de râteaux et de serfouettes, claquement du bec courbe des sécateurs, maraîchère odeur du fumier et de l'herbe tondue, combien de temps encore préserverez-vous Paris de la tristesse cubique, de l'ombre quadrangulaire des immeubles ?

(Le Voyage égoïste)

CHARLES PÉGUY

(1873-1914)

(...)
Jardinier du roi, jardinier de fleurs et de fruits, jardinier d'âmes
Peuple tu es mon jardinier.
Jardinier dans le verger, jardinier dans le potager, jardinier dans le jardin.
Jardinier dans le champ même.
Peuple jardinier, peuple honnête, peuple propre.

Peuple probe.
Tes forêts sont plus propres que le parc même du roi.
Tes bois (les plus sauvages) sont plus propres que le verger du roi.
Tes champs et tes vallons sont plus propres que le jardin du roi.
Dans tes champs les plus étendus je ne vois pas une seule mauvaise herbe.
Peuple laborieux j'ai beau regarder tes champs sont purs comme un beau jardin.
Et tes vallons au loin qui se recourbent mollement.
Pleins de fécondité. Bien gonflés sous la main. Avec des recreux de secret.
Peuple diligent la charrue et la herse et le rouleau, la bêche et le râteau et la pioche et la houe et le plantoir et le cordeau
Ne s'ennuient pas dans tes mains.
Ne chôment pas dans tes mains.
Tu n'as pas peur d'y toucher. Tu ne les regardes pas de loin avec des cérémonies.
Mais la charrue et la herse et le rouleau et la pelle et la pioche et la bêche et la houe.

Tu en fais des bonnes honnêtes ouvrières, des outils d'honnête homme.
Tu n'as pas peur de les approcher.
La paume de ta main polit le manche de l'outil, lui donne un beau luisant de bois.
Le manche de l'outil polit la paume de ta main, lui donne un beau luisant de cuir
Jaune.
Tes outils tu en fais des outils alertes. Des outils diligents. Des outils honnêtes.
Des outils qui vont vite. Et ils sont bien emmanchés.
Peuple premier, tu es le premier dans le potager.
Le premier dans le verger. Le premier dans le jardin.
Le premier dans le champ.
Tu es le seul dans tout cela.
Tu fais pousser les plus beaux légumes et les plus beaux fruits.
Tu cueilles les plus beaux légumes, tu cueilles les plus beaux fruits.
Tu cueilles les plus belles feuilles mêmes.
C'est toi qui couches les plus belles jonchées de feuillages
Aux pieds des trois Théologales.
(...)

(Le Porche du mystère de la deuxième vertu)

MAX JACOB

(1876-1944)

JARDIN MYSTÉRIEUX

Coquilles d'ailes ! feuilles mortes
entrouvrez-vous, lèvres d'insectes roux,
ce n'était pas des feuilles au pas de la porte,
c'est des insectes couleur d'acajou
parleront-ils ? s'élèveront-ils de la terre
et sur des briques vont-ils monter ?
Il a plu ! il a plu autour du presbytère,
J'attends ! j'entends les pas des cavaliers.

J'attends ! j'entends croasser les grenouilles.
J'attends ! J'entends le sifflet des crapauds,
on a rampé sous les larges feuilles des citrouilles.
J'attends ! J'entends tomber des gouttes d'eau.

Le palmier nain défend avec ses lances
au jour trop clair d'approcher deux poiriers.
Qui donc a ri dans le soir qui s'offense.
On a chanté. Ce doit être les menuisiers.
O vie ! ô mort ! ô mystérieuse terre
Que caches-tu que révèlent les soirs.
De quel trésor es-tu la trésorière !
O vie ! ô mort ! où sont tes réservoirs !
On a chanté autour du petit orgue,
des filles chantres du chant grégorien
qui tous les soirs au milieu du pré d'orge
mêlent leur âme au poème chrétien.
L'une a le livre et l'autre la pédale.

J'attends ! J'entends que la plante me parle.
J'attends un regard des fleurs qui vont mourir.
Pétale ! j'attends un œil sur votre perle.
Que l'ombre ne peut assombrir.

(Les Pénitents en maillot rose)

ANNA DE NOAILLES

(1876-id. 1933)

L'ENIVREMENT

Printemps, mets ton charmant visage dans mon cou,
O ma chère saison, enchantons-nous de vivre !
Sur la douce colline où chaque fleur s'enivre,
Le matin marche avec ses souliers de bambou.

Dans l'espace éclatant, le soleil solitaire
Est si large, si mol, si vif et desserré,
Qu'on ne sait plus, tant l'air est un cercle doré,
S'il descend de la nue ou jaillit de la terre !

Au bord de leur jardin et d'un étroit verger,
Devant la grille basse et close sur la route,
Les maisons, où le miel de la chaleur s'égoutte,
Sont vives comme l'herbe et blanches comme Alger.

Tous les petits jardins s'abritent sous leur arbre,
Le beau silence semble un bassin d'azur frais :
La jeunesse du temps pose ses pieds secrets
Sur les dormants cailloux de granit et de marbre.

Le désir et l'été oppressant chaque fleur,
Leur animale vie aimablement soupire ;
Un oiseau, qui dans l'or du grand matin délire,
D'un cri continuel perce l'air plein d'odeur.

Entre des volets clairs, par des vitres ouvertes,
On voit, dans l'angle obscur d'une salle à manger,
Les tasses, la théière et le plateau léger
Ornés de petits ponts et de Chinoises vertes.

— Et je sens que le soir, près des tendres jasmins,
Sur la pierre brûlante et plate des terrasses,
A l'heure où le sifflet d'un train s'élance et passe,
Des jeunes femmes ont la tête dans leurs mains.

Elles ne savent plus que faire de leur âme
Dans des instants si doux et si fort parfumés,
Et rêvent qu'en des doigts subtils et bien-aimés
La rose de leur cœur s'amollit et se pâme !

Ah ! comme je connais ces âmes en langueur
Qui, pleines de désirs et de soupirs, ajoutent
Leur déchirant parfum au printemps qu'elles goûtent,
Comme une abeille met du miel sur une fleur !

Ah ! pendant ces printemps, que d'ardeur répandue
Sur les pétales noirs des odorantes nuits,
Et que de cœurs penchants, pleins de divins ennuis
Vous ont, ô Volupté, doucement attendue !...

(Les Eblouissements)

L'OFFRANDE A LA NATURE

Nature au cœur profond sur qui les cieux reposent.
Nul n'aura comme moi si chaudement aimé
La lumière des jours et la douceur des choses.
L'eau luisante et la terre où la vie a germé.

La forêt. les étangs et les plaines fécondes
Ont plus touché mes yeux que les regards humains.
Je me suis appuyée à la beauté du monde
Et j'ai tenu l'odeur des saisons dans mes mains.

J'ai porté vos soleils ainsi qu'une couronne
Sur mon front plein d'orgueil et de simplicité.
Mes jeux ont égalé les travaux de l'automne
Et j'ai pleuré d'amour aux bras de vos étés.

Je suis venue à vous sans peur et sans prudence
Vous donnant ma raison pour le bien et le mal.
Ayant pour toute joie et toute connaissance
Votre âme impétueuse aux ruses d'animal.

Comme une fleur ouverte où logent des abeilles
Ma vie a répandu des parfums et des chants.
Et mon cœur matineux est comme une corbeille
Qui vous offre du lierre et des rameaux penchants.

Soumise ainsi que l'onde où l'arbre se réflète.
J'ai connu les désirs qui brûlent dans vos soirs
Et qui font naître au cœur des hommes et des bêtes
La belle impatience et le divin vouloir.

Je vous tiens toute vive entre mes bras. Nature !
Ah ! faut-il que mes yeux s'emplissent d'ombre un jour.
Et que j'aille au pays sans vent et sans verdure
Que ne visitent pas la lumière et l'amour...

(Le Cœur innombrable)

VINCENT MUSELLI

(1879-1956)

NOUS IRONS TOUS DEUX...

Nous irons tous deux, écartant l'ortie et les fougères,
Dans les jardins où pleuvent, en traits longs et fins,
[les pleurs
De la lumière, où sont les jets d'eau danseurs et légères,
Les hautes pelouses s'enivrant d'oiseaux et de fleurs.

Entrons, beaux Pèlerins, dans cet ermitage de gloire !
Gagnons-y notre place et faisons-nous un corps pareil
Aux choses, nous, délivrés de l'heure et de la mémoire,
Lucides dans le magnifique opium du soleil.

Nous y serons heureux comme les Anges et les Bêtes,
Sans lien, sans espoir, dont l'instant seul comble l'esprit ;
Regrets, chagrins insidieux, holà, vaines tempêtes !
Notre cœur, par delà les désastres, navigue et rit.

Le jour, joyeux et parfumé, chante dans mille abeilles,
Les bassins, les gazons émus sont luisants de désir ;
Le bonheur pèse ainsi qu'un sommeil lourd, et les
[corbeilles
Scellent la terre et l'air des rouges cachets du plaisir.

La brise vole et joue et déploie une souple soie
Caressante, le ciel brille entre les feuilles, si pur !
Liberté, Liberté ! l'universel midi flamboie,
Et cet apaisement tout rempli d'ailes et d'azur !

(L'Oeuvre poétique)

FLEURS

à Jean Paulhan

Sous la poussière d'or qui tombe des tilleuls
L'air lucide flamboie ainsi qu'une verrière
Transparente où la souple et féline lumière
Rôde autour des rosiers, des lys et des glaïeuls.

Fleurs ! songes enflammés de la Terre ! armoiries
Dont l'azur qui triomphe a marqué les gazons,
Vos luxes tour à tour insultent les prairies
Et sont une fourrure aux pieds de nos maisons.

Ames du Feu ! esprits dangereux des Essences !
Que ne puis-je, vaincu par vos fauves puissances,
Dans la tranquille ardeur d'un grand midi vermeil,

Au jardin reflétant la clarté qui l'arrose
Et tissant mon linceul de soie et de soleil,
Mourir sous la caresse éclatante des roses !

(L'Oeuvre poétique)

LUC BÉRIMONT

(1915-1983)

LES SAISONS DE CHEVREUSE

Dans le chaudron du vert les prunes de septembre
Cuisent au feu solaire, au feu des guêpes chaudes
Et des miels éclatés, pourris de sucre et d'or
L'odeur éclaire et mord le cœur charnu des chambres
Les lampes oubliées et les taffetas morts.

Le village est plus frais que la main des rivières
L'abreuvoir aux chevaux suce ses flûtes d'eau
La forêt fume au fond. Crache son jet de pierres
Le mur monté, armé, des reins de la colline
Et que mine le pas lamineur des troupeaux.

Les toits coulent le bleu des craquantes lumières
Sur le tourbillon fou des vergers voyageurs
Sur les vallons secrets, sur la paille des fleurs
Aux feuillages mouvants de l'arbre des nuages
Aux ombres balancées des prairies d'outre-temps
A la forêt fine, aux étangs.

La pluie marche dans le printemps
Heureuse et nue, heureuse et nue...

LA BICYCLETTE D'ARGENT

Dormir debout. dans le vent levé des villages
Plongé dans le baquet danseur du paysage
Eclaboussé d'été. de plumages de coqs
Avec une rivière au pied. comme un anneau.

Tu sais virer. sommeil ! aux courbes des grand'routes
Je me souviens du jour où nous étions partis
Boxés par un soleil champion des Amériques :
L'auberge à ciel ouvert nous avait accueillis.

Car il n'était point vert. le vin des vignes chaudes
Il mûrissait le verre où se soudaient nos doigts
Et quand tu l'inclinais à hauteur de ta bouche
Tu chavirais de l'or. du feuillage et des toits.

L'odeur de ces mois-là avait de sourdes forces
Juillet. les blés. le vent. tournaient autour de nous
Nos branches nous gênaient — nous craquions leur
[écorce
Pour mieux nous rouler. nus. sur de grands pays fous.

MICHEL DE SAINT-PIERRE

(1916-1987)

MESSAGÈRE

Ce pays est ruisselant d'eau.
Elle est partout, la messagère,
Prodiguant son âme légère
Aux mufles calmes du troupeau.

J'ai vu la neige. Elle était seule,
Vieille fée aux pâles fuseaux
Méditant au bord des tombeaux ;
Et se taisait, comme l'aïeule.

Et j'ai bu dans les gaves bleus,
Au chaos des gorges profondes
Où se mirent les feuilles rondes
Et les bêtes aux vastes yeux.

J'ai vu la source. Elle était femme,
Et souriait distraitement
Sous les petites mains du vent.
Elle attendait... Elle était femme.

Et parfois j'ai guetté le bruit
Que fait, dans le soir monotone,
L'eau souterraine qui chantonne
Au fond d'une éternelle nuit.

J'ai vu descendre la cascade,
Légère comme un troupeau blanc,
Des collines couleur de sang
A la plaine couleur de jade.

Onde immobile où dort le miel,
Longues eaux qui glissent dans l'ombre,
Eau suintante, eau vive, eau sans nombre
Où se penchent les yeux du ciel.

Puis j'ai quitté la messagère
D'un pays que je trouvais beau.
Mais j'ai tendu les bras vers l'eau
Car son âme est fraîche et légère.

(La Source et la mer)

5.
LES BONHEURS FAMILIERS

Ces bonheurs commencent avec « la fraîche odeur de l'aube » et le « divin café » qui épanouit le cœur. On attend la cousine, « on sort se promener ». On goûtera des fraises « dans le plat de porcelaine ». Déjà, du bas de l'escalier, on sent le dindon qui rôtit. C'est tout « le bonheur de ce monde ».

CHRISTOPHE PLANTIN

(1514-1589)

LE BONHEUR DE CE MONDE

Avoir une maison commode, propre et belle,
Un jardin tapissé d'espaliers odorants,
Des fruits, d'excellent vin, peu de train, peu d'enfants,
Posséder seul sans bruit une femme fidèle.

N'avoir dettes, amour, ni procès, ni querelle,
Ni de partage à faire avecque ses parents,
Se contenter de peu, n'espérer rien des Grands,
Régler tous ses desseins sur un juste modèle.

Vivre avecque franchise et sans ambition,
S'adonner sans scrupule à la dévotion,
Dompter ses passions, les rendre obéissantes.

Conserver l'esprit libre et le jugement fort,
Dire son chapelet en cultivant des entes,
C'est attendre chez soi bien doucement la mort.

JACQUES DELILLE

(1738-1813)

LE CAFÉ

Il est une liqueur, au poète plus chère,
Qui manquait à Virgile, et qu'adorait Voltaire :
C'est toi, divin café, dont l'aimable liqueur
Sans altérer la tête épanouit le cœur.
Aussi, quand mon palais est émoussé par l'âge,
Avec plaisir encor je goûte ton breuvage.
Que j'aime à préparer ton nectar précieux !
Nul n'usurpe chez moi ce soin délicieux.
Sur le réchaud brûlant, moi seul, tournant ta graine,
A l'or de ta couleur fais succéder l'ébène ;
Moi seul contre la noix, qu'arment ses dents de fer,
Je fais, en le broyant, crier ton fruit amer ;
Charmé de ton parfum, c'est moi seul qui, dans
[l'onde,
Infuse à mon foyer ta poussière féconde,
Qui, tour à tour calmant, excitant tes bouillons,
Suis d'un œil attentif tes légers tourbillons.
Enfin, de ta liqueur lentement reposée,
Dans le vase fumant la lie est déposée ;
Ma coupe, ton nectar, le miel américain,
Que du suc des roseaux exprima l'Africain,
Tout est prêt : du Japon l'émail reçoit tes ondes,
Et seul tu réunis les tributs des deux mondes :
Viens donc, divin nectar, viens donc, inspire-moi.
Je ne veux qu'un désert, mon Antigone et toi.
A peine j'ai senti ta vapeur odorante,

Soudain de ton climat la chaleur pénétrante
Réveille tous mes sens ; sans trouble, sans chaos,
Mes pensers plus nombreux accourent à grands flots.
Mon idée était triste, aride, dépouillée ;
Elle rit, elle sort richement habillée,
Et je crois, du génie éprouvant le réveil,
Boire dans chaque goutte un rayon de soleil.

(Les Trois Règnes de la nature)

GÉRARD DE NERVAL

(1808-1855)

LA COUSINE

L'hiver a ses plaisirs ; et souvent, le dimanche,
Quand un peu de soleil jaunit la terre blanche,
Avec une cousine on sort se promener...
— Et ne vous faites pas attendre pour dîner,

Dit la mère. Et quand on a bien, aux Tuileries,
Vu sous les arbres noirs les toilettes fleuries,
La jeune fille a froid... et vous fait observer
Que le brouillard du soir commence à se lever.

Et l'on revient, parlant du beau jour qu'on regrette,
Qui s'est passé si vite... et de flamme discrète :
Et l'on sent en rentrant, avec grand appétit,
Du bas de l'escalier, — le dindon qui rôtit.

(Odelettes)

CHARLES CROS

(1842-1888)

LA VIE IDÉALE

à May

Une salle avec du feu, des bougies,
Des soupers toujours servis, des guitares,
Des fleurets, des fleurs, tous les tabacs rares,
Où l'on causerait pourtant sans orgies.

Au printemps lilas, roses et muguets,
En été jasmins, œillets et tilleuls
Rempliraient la nuit du grand parc où, seuls
Parfois, les rêveurs fuiraient les bruits gais.

Les hommes seraient tous de bonne race,
Dompteurs familiers des Muses hautaines,
Et les femmes, sans cancans et sans haines,
Illumineraient les soirs de leur grâce.

Et l'on songerait, parmi ces parfums
De bras, d'éventails, de fleurs, de peignoirs,
De fins cheveux blonds, de lourds cheveux noirs,
Aux pays lointains, aux siècles défunts.

(Le Coffret de Santal)

EMILE VERHAEREN

(1855-1916)

O LA SPLENDEUR

O la splendeur de notre joie
Tissée en or dans l'air de soie !

Voici la maison douce et son pignon léger
Et le jardin et le verger.

Voici le banc, sous les pommiers
D'où s'effeuille le printemps blanc,
A pétales frôlants et lents.

Voici des vols de lumineux ramiers
Planant, ainsi que des présages,
Dans le ciel clair du paysage.

Voici, pareils à des baisers tombés sur terre
De la bouche du frêle azur,
Deux bleus étangs simples et purs,
Bordés naïvement de fleurs involontaires.

O la splendeur de notre joie et de nous-mêmes,
En ce jardin où nous vivons de nos emblèmes.

(Les Heures claires)

TRISTAN DERÊME
(1889-1941)

CXIII

Pour distraire mon ami le poète Léon Vérane

Les fraises dans le plat de blanche porcelaine
Gardent la fraîche odeur de l'aube dans la plaine,
Des branches, de la mousse et des sources glacées.
Sur la nappe, j'ai mis ton bouquet de pensées
Et tandis que, les yeux pensifs, tu te recueilles,
Ce soir grave, je vois glisser entre les feuilles
La lune comme dans les vieilles élégies.
Un souffle tiède et pur caresse les bougies
Et berce la glycine et les roses blafardes
Et la tonnelle. Prends des fraises. Tu regardes
Au champagne doré le sucre se dissoudre ;
Le temps sur nos cheveux verse du sucre en poudre
Et j'aurai quelque jour de larges mèches blanches.
Mais qu'importe ! ce soir vers moi si tu te penches,
Sans crainte de l'automne et des feuilles rougies,
Et si pour mes baisers tu souffles des bougies.

(La Verdure dorée)

GASTON BONHEUR

(1913-1980)

LA CHANSON DOUCE

Au vent qui va rêvant
à l'eau qui va seulette
aux rayons du levant
au saule à l'alouette
demande-leur pourquoi
la chanson qu'ils ont faite
la chanson d'autrefois
mettait le cœur en fête
demande-leur pour moi

Une chanson douce
pour mettre à mon cœur
pour mettre à ma bouche
un peu de bonheur

Aux talus du chemin
au ciel à la lavande
au grillon dans la main
si tu la leur demandes
aux choux qu'on va planter
au blé à l'hirondelle
à l'herbe du sentier
l'ancienne ritournelle
ils vont te la chanter

Une chanson douce
pour mettre à mon cœur
pour mettre à ma bouche
un peu de bonheur

Aux fleurs du papier peint
à la photo pâlie
à l'ombre du sapin
à ma tante Julie
Et même s'il le faut
interroge l'armoire
demande au pot à eau
il a de la mémoire
de la chanter tout haut

Une chanson douce
pour mettre à mon cœur
pour mettre à ma bouche
un peu de bonheur

Un air si fragile
qu'il parle tout bas
Un air si facile
qu'on le sait déjà

Une chanson douce
pour mettre à mon cœur
pour mettre à ma bouche
le goût du bonheur

(Oeuvres poétiques)

6.
LES VIGNES DU BONHEUR

Parmi les dieux de mon Parnasse poétique trône Vincent Muselli. Si les buveurs titubent un peu, sa muse, elle, ne vacille jamais et la grâce de ses vers s'enroule comme un pampre autour de notre plaisir. Saluons ce mage qui sut allier l'ivresse des idées à la gourmandise des mots dans des coupes de cristal... Ici Voltaire, Apollinaire, Nerval trinquent avec maître Rabelais.

FRANÇOIS RABELAIS

(1495-1556)

COMMENT LA PONTIFE BACBUC PRÉSENTA PANURGE DEVANT LA DIVE BOUTEILLE

Là fit Bacbuc, la noble pontife, Panurge baisser & baiser la marge de la fontaine, puis le fit lever, & autour danser trois ithymbons. Cela fait, lui commanda s'asseoir entre deux selles, le cul à terre, là préparées. Puis déploya son livre rituel, &, lui soufflant en l'oreille gauche, le fit chanter une epilenie, comme s'ensuit :

O Bouteille
Pleine toute
De mystères,
D'une oreille
Je t'écoute :
Ne diffères,
Et le mot profères
Auquel pend mon cœur.
En la tant divine liqueur,
Qui est dedans tes flancs reclose,
Bacchus, qui fut d'Inde vainqueur,
Tient toute vérité enclose.
Vin tant divin, loin de toi est forclose
Toute mensonge & toute tromperie.
En joie soit l'âme de Noach close,
Lequel de toi nous fit la temperie.
Sonne le beau mot, je t'en prie,
Qui me doit ôter de misère.
Ainsi ne se perde une goutte
De toi, soit blanche, ou soit vermeille.
O Bouteille
Pleine toute
De mystères,
D'une oreille
Je t'écoute :
Ne diffères.

(*Les Aventures de Pantagruel*, Tiers Livre, 1537)

VOLTAIRE
(1694-1778)

IL FAUT SE RENDRE...

Il faut se rendre à ce palais magique
Où les beaux vers, la danse, la musique,
L'art de tromper les yeux par les couleurs,
L'art plus heureux de séduire les cœurs,
De cent plaisirs font un plaisir unique,
Il va siffler quelque opéra nouveau,
Ou, malgré lui, court admirer Rameau.
Allons souper. Que ces brillants services,
Que ces ragoûts ont pour moi de délices !
Qu'un cuisinier est un mortel divin !
Chloris, Eglé, me versant de leur main
D'un vin d'Aï dont la mousse pressée,
De la bouteille avec force élancée,
Comme un éclair fait voler le bouchon ;
Il part, on rit ; il frappe le plafond.
De ce vin frais l'écume pétillante
De nos Français est l'image brillante.
Le lendemain donne d'autres désirs,
D'autres soupers et de nouveaux plaisirs.

(*Le Mondain*, satires, 1736)

GÉRARD DE NERVAL

(1808-1855)

GAIETÉ

Petit *piqueton* de Mareuil,
Plus clairet qu'un vin d'Argenteuil,
Que ta saveur est souveraine !
Les Romains ne t'ont pas compris
Lorqu'habitant l'ancien Paris
Ils te préféraient le Surène.

Ta liqueur rose, ô joli vin !
Semble faite du sang divin
De quelque nymphe bocagère ;
Tu perles au bord désiré
D'un verre à côtes, coloré
Par les teintes de la fougère.

Tu me guéris pendant l'été
De la soif qu'un vin plus vanté
M'avait laissé depuis la veille ;
Ton goût suret, mais doux aussi,
Happant mon palais épaissi,
Me rafraîchit quand je m'éveille.

Eh quoi ! si gai dès le matin,
Je foule d'un pied incertain
Le sentier où verdit ton pampre !...
— Et je n'ai pas de Richelet
Pour finir ce docte couplet...
Et trouver une rime en ampre.

(Odelettes)

VINCENT MUSELLI

(1879-1956)

LES BUVEURS

Ah ! pourrai-je chanter d'une assez forte voix
La gloire et les travaux que Bacchus vous procure,
Héroïques buveurs qui n'avez nulle cure
Des lendemains promis à la Gueule-de-bois !

Les pommes de nos champs, les raisins de nos treilles,
Du meilleur de leur suc nourrissent vos discours :
Et, pour vous conquérir l'esprit et les oreilles,
Les savants alambics vous prêtent leur concours.

Chaque soir, lorsqu'ayant les bouteilles vidées,
Le cœur rempli d'amour et le cerveau d'idées,
Vous allez, pèlerins, vers d'abstraits paradis,

Vos chapeaux, flamme noire, ont vos cannes pour
[cierges,
Et vos coups de souliers aux portes impartis,
Dans leurs lits inquiets font trembler les concierges.

(*Les Travaux et les jeux*, 1914)

GUILLAUME APOLLINAIRE

(1880-1918)

NUIT RHÉNANE

Mon verre est plein d'un vin trembleur comme une
[flamme
Ecoutez la chanson lente d'un batelier
Qui raconte avoir vu sous la lune sept femmes
Tordre leurs cheveux verts et longs jusqu'à leurs pieds

Debout chantez plus haut en dansant une ronde
Que je n'entende plus le chant du batelier
Et mettez près de moi toutes les filles blondes
Au regard immobile aux nattes repliées

Le Rhin le Rhin est ivre où les vignes se mirent
Tout l'or des nuits tombe en tremblant s'y refléter
La voix chante toujours à en râle-mourir
Ces fées aux cheveux verts qui incantent l'été

Mon verre s'est brisé comme un éclat de rire

(Alcools, 1913)

7.
AILLEURS EST LE BONHEUR

« D'où viens-tu, beau navire ?... Viens-tu de l'Inde ou du Mexique ? » Partir, c'est espérer revivre. Il fait si bon sur la mer ! « On a mis le cap sur l'Indochine. La mer est calme. On est ensemble et purs », chante Jacques Raphaël-Leygues. Tout le bonheur est d'être ici dans l'espérance d'un ailleurs...

ALFRED DE MUSSET

(1810-1857)

RETOUR

Heureux le voyageur que sa ville chérie
Voit rentrer dans le port, aux premiers feux du jour !
Qui salue à la fois le ciel et la patrie,
La vie et le bonheur, le soleil et l'amour !
Regardez, compagnons, un navire s'avance.
La mer, qui l'emporta, le rapporte en cadence,
En écumant sous lui, comme un hardi coursier,
Qui, tout en se cabrant, sent son vieux cavalier.

Salut ! qui que tu sois, toi dont la blanche voile
De ce large horizon accourt en palpitant !
Heureux, quand tu reviens, si ton errante étoile
T'a fait aimer la rive ! heureux si l'on t'attend !

D'où viens-tu, beau navire ? à quel lointain rivage,
Léviathan superbe, as-tu lavé tes flancs ?
Es-tu blessé, guerrier ? Viens-tu d'un long voyage ?
C'est une chose à voir, quand tout un équipage,
Monté jeune à la mer, revient en cheveux blancs.
Es-tu riche ? viens-tu de l'Inde ou du Mexique ?
Ta quille est-elle lourde, ou si les vents du nord

T'ont pris, pour ta rançon, le poids de ton trésor ?
As-tu bravé la foudre et passé le tropique ?

T'es-tu, pendant deux ans, promené sur la mort,
Couvant d'un œil hagard ta boussole tremblante,
Pour qu'une Européenne, une pâle indolente,
Puisse embaumer son bain des parfums du sérail
Et froisser dans la valse un collier de corail ?

Comme le cœur bondit quand la terre natale,
Au moment du retour, commence à s'approcher,
Et du vaste Océan sort avec son clocher !
Et quel tourment divin dans ce court intervalle,
Où l'on sent qu'elle arrive et qu'on va la toucher !

Ô patrie ! ô patrie ! ineffable mystère !
Mot sublime et terrible ! inconcevable amour !
L'homme n'est-il donc né que pour un coin de terre,
Pour y bâtir son nid, et pour y vivre un jour ?

(Poésies posthumes)

VALÉRY LARBAUD

(1881-1957)

IMAGES

I

Un jour, à Kharkow, dans un quartier populaire,
(O cette Russie méridionale, où toutes les femmes
Avec leur châle blanc sur la tête, ont des airs de
[Madone !)
Je vis une jeune femme revenir de la fontaine
Portant, à la mode de là-bas, comme du temps d'Ovide,
Deux seaux suspendus aux extrémités d'un bois
En équilibre sur le cou et les épaules.
Et je vis un enfant en haillons s'approcher d'elle et
[lui parler.
Alors, inclinant aimablement son corps à droite,
Elle fit en sorte que le seau plein d'eau pure
[touchât le pavé
Au niveau des lèvres de l'enfant qui s'était mis à
[genoux pour boire.

(Poésies de A.O. Barnabooth)

JACQUES RAPHAËL-LEYGUES

(1913)

IL FAIT BON SUR LA MER

Il fait bon sur la mer dans ma cabine blanche,
Dans la chambre où je sens la fraîcheur sous mes doigts
Du beau sextant de cuivre et des livres à tranche
D'or mordoré par les temps morts et par le froid.

Fraîcheur des doigts reprise à des nuits d'insomnies,
Au froid salé des quarts d'hiver sur l'Océan,
Au grand froid mort des nuits de guerre et d'agonies,
Aux froids de l'aube éteints par les soleils levants ;

La mer ne connaît pas ces âges de nature
Qui changent les forêts vivaces d'autrefois
En bosquets pour jardin, en prés pour la pâture,
En squares bien corrects pour les chevaux de bois.

(...)

L'oubli des maux, l'oubli des coups, l'oubli des fanges,
L'oubli de tous les cris et de tous les péchés.
Demain nous allons voir les reflets bleus des Ganges
Et l'Inde aux minarets tremblants sur des rochers.

Et l'oubli s'étendra sur nous comme une écorce,
Comme une écaille blonde ou la peau d'un serpent ;
Nous serons transparents et forts, mais notre force
Aura cet absolu des paradis d'enfant.

Nous serons connaisseurs des escales marines,
Des galons bien verdis aux embruns des matins,
D'emblèmes étrangers, sous lesquels on devine
Les cœurs vidés couverts d'insignes de satin.

Nul ne saura l'oubli qui fixe nos visages,
Nul ne connaît ce qu'est Siegfried après l'oubli,
Nul ne sait le secret de ces enfants sans âge
Qui savent oublier l'objet de leur oubli.

Et si nous repartons bercés par le « poème »
Du vin de solitude et du grand ciel d'azur
Si nos jours sont sereins... personne ne nous aime,
Nous sommes en dehors des lois de l'âge « mûr ».

L'on est là tous ensemble et la mer est étale,
La mer est calme et l'on est là, l'accordéon
Joue un air enfantin et l'or des capitales
Est loin parmi les rues aux tubes de néon.

L'on est ensemble là, marins et capitaine,
Sous le cordage aux cris plaintifs de violon,
Ce sont les mêmes vents poisseux sur la misaine
Qu'au temps des matelots de Christophe Colomb.

« L'on est ensemble et purs » et sans autre espérance
Que ce bonheur fuyant d'être simple et léger,
De chanter tous ensemble un bon air de romance,
Bien loin du temps de l'âge mûr et du péché.

Et le *Tourville* a mis le cap sur l'Indochine
« On est ensemble et purs » et loin des panthéons.
Un matelot nous joue un air de mandoline
Et l'autre dort penché sur son accordéon.

(Mer Rouge-océan Indien,
décembre 1945)

(Reflets des heures vives)

8.
LES BONHEURS ANTÉRIEURS

La mémoire est un lac immobile et muet. Il suffit d'une image, d'un mot lancé comme une pierre dans la profondeur des eaux pour que, des plus obscures rives, des plus lointaines, par vagues concentriques, reviennent des souvenirs qui n'étaient pas les nôtres et cependant nous font revivre tout entiers. Pèlerins des mondes antérieurs, Baudelaire, Nerval nous font passer de l'autre côté du miroir. S'y reflètent des bonheurs anciens, plus beaux encore d'avoir été vécus. Par nous, peut-être, ou par d'autres, il y a tant et tant d'années.

GÉRARD DE NERVAL

(1808-1855)

LES CYDALISES

Où sont nos amoureuses ?
Elles sont au tombeau :
Elles sont plus heureuses,
Dans un séjour plus beau !

Elles sont près des anges,
Dans le fond du ciel bleu,
Et chantent les louanges
De la mère de Dieu !

O blanche fiancée !
O jeune vierge en fleur !
Amante délaissée,
Que flétrit la douleur !

L'éternité profonde
Souriait dans vos yeux...
Flambeaux éteints du monde,
Rallumez-vous aux cieux !

(Odelettes)

FANTAISIE

Il est un air pour qui je donnerais
Tout Rossini, tout Mozart et tout Weber[1],
Un air très vieux, languissant et funèbre,
Qui pour moi seul a des charmes secrets !

Or chaque fois que je viens à l'entendre,
De deux cents ans mon âme rajeunit...
C'est sous Louis treize ; et je crois voir s'étendre
Un coteau vert, que le couchant jaunit,

Puis un château de brique à coins de pierre,
Aux vitraux teints de rougeâtres couleurs,
Ceint de grands parcs, avec une rivière
Baignant ses pieds, qui coule entre des fleurs ;

Puis une dame, à sa haute fenêtre,
Blonde aux yeux noirs, en ses habits anciens,
Que, dans une autre existence peut-être,
J'ai déjà vue... et dont je me souviens !

(Les Petits Châteaux de Bohême)

(1) Prononcer : Wèbre.

CHARLES BAUDELAIRE

(1821-1867)

LA VIE ANTÉRIEURE

J'ai longtemps habité sous de vastes portiques
Que les soleils marins teignaient de mille feux,
Et que leurs grands piliers, droits et majestueux,
Rendaient pareils, le soir, aux grottes basaltiques.

Les houles, en roulant les images des cieux,
Mêlaient d'une façon solennelle et mystique
Les tout-puissants accords de leur riche musique
Aux couleurs du couchant reflété par mes yeux.

C'est là que j'ai vécu dans les voluptés calmes,
Au milieu de l'azur, des vagues, des splendeurs
Et des esclaves nus, tout imprégnés d'odeurs,

Qui me rafraîchissaient le front avec des palmes,
Et dont l'unique soin était d'approfondir
Le secret douloureux qui me faisait languir.

(Les Fleurs du mal)

MŒSTA ET ERRABUNDA

(extraits)

Comme vous êtes loin, paradis parfumé,
Où sous un clair azur tout n'est qu'amour et joie,
Où tout ce que l'on aime est digne d'être aimé,
Où dans la volupté pure le cœur se noie !
Comme vous êtes loin, paradis parfumé !

Mais le vert paradis des amours enfantines,
Les courses, les chansons, les baisers, les bouquets,
Les violons vibrant derrière les collines,
Avec les brocs de vin, le soir, dans les bosquets,
— Mais le vert paradis des amours enfantines,

L'innocent paradis, plein de plaisirs furtifs,
Est-il déjà plus loin que l'Inde et que la Chine ?
Peut-on le rappeler avec des cris plaintifs,
Et l'animer encor d'une voix argentine,
L'innocent paradis plein de plaisirs furtifs ?

(Les Fleurs du mal)

PAUL VERLAINE

(1844-1896)

MON RÊVE FAMILIER

Je fais souvent ce rêve étrange et pénétrant
D'une femme inconnue, et que j'aime, et qui m'aime,
Et qui n'est, chaque fois, ni tout à fait la même
Ni tout à fait une autre, et m'aime et me comprend.

Car elle me comprend, et mon cœur, transparent
Pour elle seule, hélas ! cesse d'être un problème
Pour elle seule, et les moiteurs de mon front blême,
Elle seule les sait rafraîchir, en pleurant.

Est-elle brune, blonde ou rousse ? — Je l'ignore.
Son nom ? Je me souviens qu'il est doux et sonore
Comme ceux des aimés que la Vie exila.

Son regard est pareil au regard des statues,
Et, pour sa voix, lointaine, et calme, et grave, elle a
L'inflexion des voix chères qui se sont tues.

(Poèmes saturniens)

FRANCIS JAMMES

(1868-1938)

QU'EST-CE QUE LE BONHEUR ?

Qu'est-ce que le bonheur ? Peut-être un vallon bleu
Dans lequel j'ai chassé, voici trente ans, le lièvre.
Que m'importent l'échelle d'or, les rouges lèvres ?
Tout est vain qui n'a pas le grand calme de Dieu.

Dites, parlant de moi, que Jammes devient vieux,
Sans que vous soupçonniez combien jeune est sa
[fièvre
Mais il vous tend le sel, ô chevreaux que l'on sèvre,
Le sel de la sagesse où se mirent les Cieux.

La coupe la plus douce apporte l'amertume,
Sauf la coupe du vallon bleu qu'emplit la brume
Comme d'un lait que boit l'Aurore à son réveil.

J'ai su vous oublier, amours adolescentes,
Mais encore je vois un chien qui par la sente
A travers la rosée allait vers le soleil.

(Elégies et autres poèmes, **1946)**

ROBERT SABATIER

(1923)

THOREAU

Le fils de l'eau se dissout dans la brume
Pour mieux aimer le feuillage et l'insecte.
Sa sœur la lune accompagne ses pas,
La luciole est sa seule musique.

Il est parti, la ville sur son dos,
Il a rejoint sans la mort l'autre monde,
La face exquise oubliée à l'aurore
Par un troupeau d'aveugles obstinés.

Lui contemplait l'infinité des astres
Dans le grand jour — suis-je reinette ou grive ?
Ou bien fendait le monde comme un œuf
Pour contempler ses secrètes pensées.

Il respirait l'arôme du pourquoi
Et, la saveur de l'homme sur la langue,
Il mûrissait les blés de son regard
Pour se baigner dans leur immensité.

Cueillons, cueillons des roses de cristal
Pour percevoir les saisons qui s'échappent.
Lui qui durait comme pointe de flèche
Perce pour nous les secrets du grand jour.

(Icare et autres poèmes)

9.

L'INSTANT DU BONHEUR

« Encore un instant de bonheur », c'était le souhait de Henry de Montherlant. Paul Fort, le prince des poètes, sut nous mener jusqu'au pré où le bonheur nous attend. Par la grâce de ses vers, vifs comme une libellule, les plus simples du monde, il nous fait courir, courir très vite pour le saisir. « Cours-y vite ! il a filé ! » « Parler tout bas, si c'est d'amour », conseille Paul-Jean Toulet. Et Rimbaud dit tout en un seul vers énigmatique : « O saisons, ô châteaux ! »

CHARLES D'ORLÉANS

(1391-1465)

RONDEAU

Le temps a laissé son manteau
De vent, de froidure et de pluie,
Et s'est vêtu de broderie,
De soleil luisant, clair et beau.

Il n'y a bête ni oiseau
Qu'en son jargon ne chante ou crie :
Le temps a laissé son manteau !

Rivière, fontaine et ruisseau
Portent en livrée jolie,
Gouttes d'argent d'orfèvrerie,
Chacun s'habille de nouveau :
Le temps a laissé son manteau !

VICTOR HUGO

(1802-1885)

OÙ DONC EST LE BONHEUR ?

(extraits)

XVIII

Sed satis est jam posse mori
Lucain

Où donc est le bonheur ? disais-je. — Infortuné !
Le bonheur, ô mon Dieu, vous me l'avez donné !

Naître, et ne pas savoir que l'enfance éphémère,
Ruisseau de lait qui fuit sans une goutte amère,
Est l'âge du bonheur et le plus beau moment
Que l'homme, ombre qui passe, ait sous le firmament !
Plus tard, aimer, garder dans son cœur de jeune homme
Un nom mystérieux que jamais on ne nomme ;
Glisser un mot furtif dans une tendre main,
Aspirer aux douceurs d'un ineffable hymen,
Envier l'eau qui fuit, le nuage qui vole,
Sentir son cœur se fondre au son d'une parole,
Connaître un pas qu'on aime et que jaloux on suit ; (...)

Puis effeuiller en hâte et d'une main jalouse
Les boutons d'orangers sur le front de l'épouse ;
Tout sentir, être heureux, et pourtant, insensé !
Se tourner presque en pleurs vers le malheur passé ;
Voir aux feux du midi, sans espoir qu'il renaisse,
Se faner son printemps, son matin, sa jeunesse, (...)

Vieillir enfin, vieillir ! comme des fleurs fanées
Voir blanchir nos cheveux et tomber nos années,
Rappeler notre enfance et nos beaux jours flétris,
Boire le reste amer de ces parfums aigris ! (...)

Ainsi l'homme, ô mon Dieu ! marche toujours plus
[sombre
Du berceau qui rayonne au sépulcre plein d'ombre.
C'est donc avoir vécu ! c'est donc avoir été !
Dans l'amour et la joie et la félicité
C'est avoir eu sa part ! et se plaindre est folie.
Voilà de quel nectar la coupe était remplie !
Hélas ! naître pour vivre en désirant la mort !
Grandir en regrettant l'enfance où le cœur dort,
Vieillir en regrettant la jeunesse ravie,
Mourir en regrettant la vieillesse et la vie !

Où donc est le bonheur ? disais-je. — Infortuné !
Le bonheur, ô mon Dieu, vous me l'avez donné !

(Les Feuilles d'automne)

STÉPHANE MALLARMÉ

(1842-1898)

SONNET

O si chère de loin et proche et blanche, si
Délicieusement toi, Mary, que je songe
A quelque baume rare émané par mensonge
Sur aucun bouquetier de cristal obscurci.

Le sais-tu, oui ! pour moi voici des ans, voici
Toujours que ton sourire éblouissant prolonge
La même rose avec son bel été qui plonge
Dans autrefois et puis dans le futur aussi.

Mon cœur qui dans les nuits parfois cherche à
[s'entendre
Ou de quel dernier mot t'appeler le plus tendre
S'exalte en celui rien que chuchoté de sœur

N'était, très grand trésor et tête si petite,
Que tu m'enseignes bien toute une autre douceur
Tout bas par le baiser seul dans tes cheveux dite.

(Poésies)

ARTHUR RIMBAUD

(1854-1891)

ROMAN

(extraits)

I

Nuit de juin ! Dix-sept ans !... On se laisse griser.
La sève est du champagne et vous monte à la tête.
On divague ; on se sent aux lèvres un baiser
Qui palpite, là, comme une petite bête.

III

Le cœur fou robinsonne à travers les romans,
Lorsque, dans la clarté pâle d'un réverbère,
Passe une demoiselle aux petits airs charmants
Sous l'ombre du faux-col effrayant de son père.

Et comme elle vous trouve immensément naïf
Tout en faisant trotter ses petites bottines,
Elle se tourne, alerte, et d'un mouvement vif.
Sur vos lèvres, alors, meurent les cavatines.

IV

Vous êtes amoureux, loué jusqu'au mois d'août !
Vous êtes amoureux : vos sonnets la font rire.
Tous vos amis s'en vont, vous êtes mauvais goût.
— Puis l'adorée, un soir, a daigné vous écrire.

Ce soir-là, vous rentrez aux cafés éclatants,
Vous demandez des bocks ou de la limonade...
On n'est pas sérieux quand on a dix-sept ans
Et qu'on a des tilleuls verts sur la promenade.

(Poésies)

SENSATION

Par les soirs bleus d'été, j'irai dans les sentiers,
Picoté par les blés, fouler l'herbe menue :
Rêveur, j'en sentirai la fraîcheur à mes pieds,
Je laisserai le vent baigner ma tête nue !

Je ne parlerai pas, je ne penserai rien.
Mais l'amour infini me montera dans l'âme ;
Et j'irai loin, bien loin, comme un bohémien,
Par la Nature, — heureux comme avec une femme.

(Poésies)

LA MAGIQUE ÉTUDE DU BONHEUR

O saisons, ô châteaux !
Quelle âme est sans défauts ?

O saisons, ô châteaux !

J'ai fait la magique étude
Du bonheur, que nul n'élude.

O vive lui, chaque fois
Que chante le coq gaulois.

Mais je n'aurai plus d'envie :
Il s'est chargé de ma vie.

Ce charme ! il prit âme et corps
Et dispersa tous efforts.

Que comprendre à ma parole ?
Il fait qu'elle fuit et vole !

O saisons, ô châteaux !

(Poésies)

EMILE VERHAEREN

(1855-1916)

LA JOIE

O ces larges beaux jours dont les matins flamboient !
La terre ardente et fière est plus superbe encor
Et la vie éveillée est d'un parfum si fort
Que tout l'être s'en grise et bondit vers la joie.

Soyez remerciés, mes yeux,
D'être restés si clairs, sous mon front déjà vieux,
Pour voir au loin bouger et vibrer la lumière ;
Et vous, mes mains, de tressaillir dans le soleil ;
Et vous, mes doigts, de vous dorer aux fruits vermeils
Pendus au long du mur, près des roses trémières.

Soyez remercié, mon corps,
D'être ferme, rapide, et frémissant encor
Au toucher des vents prompts ou des brises profondes ;

O ces matins de fête et de calme beauté !
Roses dont la rosée orne les purs visages,
Oiseaux venus vers nous, comme de blancs présages,
Jardins d'ombre massive ou de frêle clarté !

A l'heure où l'ample été tiédit les avenues,
Je vous aime, chemins, par où s'en est venue
Celle qui recélait, entre ses mains, mon sort ;

Je vous aime, lointains marais et bois austères,
Et sous mes pieds, jusqu'au tréfonds, j'aime la terre
Où reposent mes morts.

J'existe en tout ce qui m'entoure et me pénètre.
Gazons épais, sentiers perdus, massifs de hêtres,
Eau lucide que nulle ombre ne vient ternir,
Vous devenez moi-même étant mon souvenir.

(La Multiple Splendeur)

(JEAN PAPADIAMANTOPOULOS)
dit
JEAN MORÉAS
(1856-1910)

Ne dites pas : la vie est un joyeux festin ;
Ou c'est d'un esprit sot ou c'est d'une âme basse.
Surtout ne dites point : elle est malheur sans fin ;
C'est d'un mauvais courage et qui trop tôt se lasse.

Riez comme au printemps s'agitent les rameaux.
Pleurez comme la bise ou le flot sur la grève,
Goûtez tous les plaisirs et souffrez tous les maux ;
Et dites : c'est beaucoup et c'est l'ombre d'un rêve.

*

Nuages qu'un beau jour à présent environne.
Au-dessus de ces champs de jeune blé couverts,
Vous qui m'apparaissez sur l'azur monotone,
Semblables aux voiliers sur le calme des mers ;

Vous qui devez bientôt, ayant la sombre face
De l'orage prochain, passer sous le ciel bas,
Mon cœur vous accompagne, ô coureurs de l'espace !
Mon cœur qui vous ressemble et qu'on ne connaît pas.

*

Quand reviendra l'automne avec les feuilles mortes
Qui couvriront l'étang du moulin ruiné,
Quand le vent remplira le trou béant des portes
Et l'inutile espace où la meule a tourné.

Je veux aller encor m'asseoir sur cette borne,
Contre le mur tissé d'un vieux lierre vermeil,
Et regarder longtemps dans l'eau glacée et morne
S'éteindre mon image et le pâle soleil.

(Les Stances)

PAUL-JEAN TOULET

(1867-1920)

EN ARLES

Dans Arle, où sont les Aliscamps,
Quand l'ombre est rouge, sous les roses,
    Et clair le temps,

Prends garde à la douceur des choses,
Lorsque tu sens battre sans cause
    Ton cœur trop lourd

Et que se taisent les colombes :
Parle tout bas, si c'est d'amour,
    Au bord des tombes.

(Les Contrerimes)

EDMOND ROSTAND

(1868-1918)

MATIN

Il fait un temps si beau que l'on n'ose pas vivre.
On est comme l'enfant qu'intimide et qu'enivre
Le cadeau trop vermeil qu'il n'ose pas toucher.
On est comme devant une fleur de pêcher
Qu'on craint, en la cueillant, de connaître fragile.
Il fait un temps si beau qu'on dirait que Virgile
A voulu, ce matin, nous parler de plus près.
Un paysage entier fuit entre deux cyprès.
C'est l'heure la plus douce encor que l'on ait eue.
On descend vers le lac, et, comme la statue
Qu'éveillait peu à peu Monsieur de Condillac,
On n'est plus qu'un parfum de rose près du lac.
On ne sait pas pourquoi, ce matin, les buées
Se sont, aux flancs des monts, si bien distribuées.
C'est trop. L'on est honteux de ce matin si pur.
On devrait être heureux, baigné de tant d'azur
Qu'il semble qu'on respire au bout d'une presqu'île.

Mais, quand l'air est trop doux, le cœur n'est pas
[tranquille.
Il fait un temps si beau que, gauche et stupéfait,
On n'ose se servir de ce beau temps qu'il fait.
On voudrait décliner humblement l'atmosphère.
Il fait un temps si beau que, tout ce qu'on peut faire,
C'est de vivre. Et l'on vit. Mais non sans un remords.
Car ce temps est si beau qu'il fait penser aux morts.

(Les Musardises)

PAUL FORT
(1872-1960)

LE BONHEUR

Le bonheur est dans le pré. Cours-y vite, cours-y vite.
Le bonheur est dans le pré. Cours-y vite. Il va filer.
Si tu veux le rattraper, cours-y vite, cours-y vite. Si tu veux le rattraper, cours-y vite. Il va filer.

Dans l'ache et le serpolet, cours-y vite, cours-y vite,
dans l'ache et le serpolet, cours-y vite. Il va filer.

Sur les cornes du bélier, cours-y vite, cours-y vite, sur les cornes du bélier, cours-y vite. Il va filer.

Sur le flot du sourcelet, cours-y vite, cours-y vite, sur le flot du sourcelet, cours-y vite. Il va filer.

De pommier en cerisier, cours-y vite, cours-y vite, de pommier en cerisier, cours-y vite. Il va filer.

Saute par-dessus la haie, cours-y vite, cours-y vite.
Saute par-dessus la haie, cours-y vite ! il a filé !

(Ballades françaises)

GÉO NORGE

(1898)

LE BONHEUR

N'ayez pas peur, il ne viendra plus,
Il est trop tard pour son arrivée.
Et puis, rien n'est prêt et son chahut
Dérangerait votre vie privée.

N'ayez pas peur, il ne viendra guère,
Il est au diable, il est quelque part,
Très loin d'ici sur des rocs lunaires
Et s'il venait, ce serait trop tard.

Non, le bonheur sait qu'on n'aime pas
Son calme regard insupportable.
N'ayez pas peur, il fait les cent pas
Et vous pouvez bien vous mettre à table.

***(La Belle Saison*, 1973)**

PHILIPPE CHABANEIX
(1898-1982)

LE BONHEUR

à Katia Granoff

Dans la forêt où trois fillettes,
A la naissance du printemps,
Allaient cueillir des violettes
Dès le matin près des étangs,

Dans la forêt mystérieuse,
Par un beau jour léger d'avril,
Sous les traits d'une enfant rieuse
Le bonheur m'accueillera-t-il ?

(Musique du temps perdu)

EUGÈNE GUILLEVIC
(1907)

EXPOSÉ

(extrait)

I

Que déjà je me lève en ce matin d'été
Sans regretter longtemps la nuit et le repos,

Que déjà je me lève
Et que j'aie cette envie d'eau froide
Pour ma nuque et pour mon visage,

Que je regarde avec envie
L'abeille en grand travail
Et que je la comprenne,

Que déjà je me lève et voie le buis,
Qui probablement travaille autant que l'abeille,
Et que j'en sois content,

Que je me sois levé au-devant de la lumière
Et que je sache : la journée est à ouvrir,

Déjà, c'est victoire.

(Terre à bonheur)

YVES BONNEFOY

(1923)

ICI, TOUJOURS ICI

Ici, c'est le lieu clair. Ce n'est plus l'aube,
C'est déjà la journée aux dicibles désirs.
Des mirages d'un chant dans ton rêve il ne reste
Que ce scintillement de pierres à venir.

Ici, et jusqu'au soir. La rose d'ombres
Tournera sur les murs. La rose d'heures
Défleurira sans bruit. Les dalles claires
Mèneront à leur gré ces pas épris du jour.

Ici, toujours ici. Pierres sur pierres
Ont bâti le pays dit par le souvenir.
A peine si le bruit de fruits simples qui tombent
Enfièvre encore en toi le temps qui va guérir.

(Hier régnant désert)

10.

LE BONHEUR DES SAGES

Etre soi-même. Etre bien chez soi, où l'on revient après un long voyage, sans être « revenu de tout ». C'est la bonne sagesse de Du Bellay. Se couler dans un paysage familier et dans ces choses simples qui vont à l'âme comme un gant. Ou encore se féliciter d'un simple complet blanc, comme Blaise Cendrars. Et pour ne pas se prendre trop au sérieux, s'exercer à l'humour comme Laforgue.

JOACHIM DU BELLAY

(1522-1560)

HEUREUX QUI, COMME ULYSSE

Heureux qui, comme Ulysse, a fait un beau voyage,
Ou comme celui-là qui conquit la toison,
Et puis est retourné, plein d'usage et raison,
Vivre entre ses parents le reste de son âge !

Quand reverrai-je, hélas, de mon petit village
Fumer la cheminée : et en quelle saison
Reverrai-je le clos de ma pauvre maison,
Qui m'est une province, et beaucoup davantage ?

Plus me plaît le séjour qu'ont bâti mes aïeux,
Que des palais romains le front audacieux :
Plus que le marbre dur me plaît l'ardoise fine,

Plus mon Loire Gaulois, que le Tibre Latin,
Plus mon petit Lyré, que le mont Palatin,
Et plus que l'air marin la douceur angevine.

(Les Regrets)

MATHURIN RÉGNIER

(1573-1613)

EPÎTRE III

(extrait)

Je discours des neiges d'antan,
Je prends au nid le vent d'autan,
Je pète contre le tonnerre,
Aux papillons je fais la guerre,
Je compose almanachs nouveaux,
De rien je fais brides à veaux ;
A la Saint-Jean je tends aux grues,
Je plante des pois par les rues,
D'un bâton je fais un cheval,
Je vois courir la Seine à val,
Et beaucoup de choses, beau sire,
Que je ne veux, et n'ose dire.
Après cela je peins en l'air,
J'apprends aux ânes à voler,
Du bordel je fais la chronique,
Aux chiens j'apprends la rhétorique.
Car, enfin, ou Plutarque ment,
Ou bien ils ont du jugement.
Ce n'est pas tout, je dis sornettes,
Je dégoise des chansonnettes,
Et vous dis, qu'avec grand effort,
La nature pâtit très fort.
Je suis si plein que je regorge.

Si une fois je rends ma gorge,
Eclatant ainsi qu'un pétard,
On dira, le diable y ait part.
Voilà comme le temps je passe.
Si je suis las ; je me délasse,
J'écris, je lis, je mange et boy
Plus heureux cent fois que le roy...

(Satire)

JOSÉ-MARIA DE HÉRÉDIA

(1842-1905)

VILLULA

Oui, c'est au vieux Gallus qu'appartient l'héritage
Que tu vois au penchant du coteau cisalpin ;
La maison tout entière est à l'abri d'un pin
Et le chaume du toit couvre à peine un étage.

Il suffit pour qu'un hôte avec lui le partage
Il a sa vigne, un four à cuire plus d'un pain,
Et dans son potager foisonne le lupin.
C'est peu ? Gallus n'a pas désiré davantage.

Son bois donne un fagot ou deux tous les hivers,
Et de l'ombre, l'été, sous les feuillages verts ;
A l'automne on y prend quelque grive au passage.

C'est là que, satisfait de son destin borné,
Gallus finit de vivre où jadis il est né.
Va, tu sais à présent que Gallus est un sage.

(Les Trophées)

JULES LAFORGUE

(1860-1887)

ÉPICURÉISME

Je suis heureux gratis ! — Il est bon ici-bas
De faire, s'il se peut, son paradis, en cas
Que celui de là-haut soit une balançoire,
Comme il est, après tout, bien permis de le croire.
S'il en est un, tant mieux ! Ce n'est qu'au paradis
Que l'on pourrait aller, vivant comme je vis.
Je ne suis pas obèse, et je vais à merveille ;
Je ne quitte mon lit que lorsque je m'éveille ;
Je déjeune et je sors. Je parcours sans façon
Dessins, livres, journaux, autour de l'Odéon.
Puis je passe la Seine, en flânant, je regarde
Près d'un chien quelque aveugle à la voix nasillarde.
Je m'arrête, et je trouve un plaisir tout nouveau,
Contre l'angle d'une arche, à voir se briser l'eau,
A suivre en ses détours, balayé dans l'espace,
Le panache fumeux d'un remorqueur qui passe.
Et puis j'ai des jardins, comme le Luxembourg,
Où, si le cœur m'en dit, je m'en vais faire un tour.
Je possède un musée unique dans le monde,
Où je puis promener mon humeur vagabonde
De Memling à Rubens, de Phidias à Watteau,
Un musée où l'on trouve et du piètre et du beau,
Des naïfs, des mignards, des païens, des mystiques,
Et des bras renaissance à des torses antiques !
A la bibliothèque ensuite, je me rends.
— C'est la plus belle au monde ! — Asseyons-nous. [Je prends
Sainte-Beuve et Théo, Banville et Baudelaire,
Leconte, Heine, enfin, qu'aux plus grands je préfère.

« Ce bouffon de génie », a dit Schopenhauer,
Qui sanglote et sourit, mais d'un sourire amer !
Puis je reflâne encor devant chaque vitrine.
Bientôt la nuit descend ; tout Paris s'illumine ;
Et mon bonheur, enfin, est complet, si je vais
M'asseoir à ton parterre, ô Théâtre-Français !

(Les Complaintes)

LÉO LARGUIER
(1878-1950)

VOYAGEUR ALTÉRÉ...

Voyageur altéré, d'une eau vive je rêve,
Et n'ai plus soif lorsque j'arrive au bord du puits ;
J'ai faim et j'ai sommeil, et jamais je n'achève
Ni le pain qu'on me sert, ni mes rapides nuits.

Printemps, n'êtes-vous beaux qu'au déclin des
[automnes ?
Pour croire au Paradis, faut-il qu'il soit perdu ?
Heureux qui peut goûter les bonheurs monotones
Et l'insipide fruit qui n'est pas défendu !...

BLAISE CENDRARS

(1887-1961)

COMPLET BLANC

Je me promène sur le pont dans mon complet blanc
 acheté à Dakar
Aux pieds j'ai mes espadrilles achetées à Villa Garcia
Je tiens à la main mon bonnet basque rapporté de
 Biarritz
Mes poches sont pleines de Caporal Ordinaire
De temps en temps je flaire mon étui en bois de Russie
Je fais sonner des sous dans ma poche et une livre sterling
 en or
J'ai mon gros mouchoir calabrais et des allumettes de
 cire de ces grosses que l'on ne trouve qu'à Londres
Je suis propre lavé frotté plus que le pont
Heureux comme un roi
Riche comme un milliardaire
Libre comme un homme

(Du monde entier au cœur du monde)

ROBERT BRASILLACH

(1909-1945)

LE BONHEUR

Il faut aimer le bonheur avant tout,
L'eau qui se froisse sous le vent,
La grappe rose et cette pêche d'août
Qu'un ange apporte à l'enfant.

Il faut aimer la peur dans les couloirs,
Les albums avec le singe et l'ours,
La pelouse avec ses deux miroirs
Où tombe le jour.

Voici le cerceau sous les marronniers bleus :
Vers la clairière rouge il court encor,
Et la barque de bois qui servait à nos jeux
Appareille quand je dors.

Il faut aimer le sommeil qui nous rend
Le pain, le sel, le bonheur oublié,
Le jour de mai sur les buissons luisants
Et l'enfant aux groseilliers.

(Oeuvres complètes, tome IX)

CLAUDE ROY

(1915)

PLUIE

A l'orée du soir chuchote une pluie douce
Chaque goutte d'eau semble encore hésiter
puis s'enhardit   Les doigts nombreux de l'averse
tambourinent légèrement la terre qui avait soif

Renverser le visage   laisser la pluie ruisseler
sur le front les joues   boire les gouttes d'eau
fermer les yeux   et ne plus rien désirer d'autre

(A la lisière du temps)

11.
LE BONHEUR ET LA GRÂCE

L'homme ne vit pas seulement de pain. Le bonheur, c'est aussi de laisser couler en soi la lumière des anges. Claudel, à mots très doux, salue la Vierge comme on salue sa mère. Marie Noël fait passer sur nous l'aile de l'Ange de l'Annonciation. Sous un ciel de bonté, Francis Jammes entend les oiseaux « chanter de joie, mon Dieu, comme une pluie d'orage ».

FRANCIS JAMMES

(1868-1938)

PRIÈRE POUR QUE LES AUTRES AIENT LE BONHEUR

(extrait)

Donnez à tous tout le bonheur que je n'ai pas,
et que les amoureux qui vont se parler bas
dans la rumeur des chars, des bêtes et des ventes,
se boivent des baisers, la hanche sur la hanche.
Que les bons chiens paysans, dans un coin de l'auberge,
trouvent la soupe bonne et s'endorment au frais,
et que les longs troupeaux des chèvres traînassantes
broutent le verjus clair aux vrilles transparentes.
Mon Dieu, voici : négligez-moi si vous voulez...
Mais... merci... Car j'entends, sous le ciel de bonté,
ces oiseaux qui devraient mourir dans cette cage,
chanter de joie, mon Dieu, comme une pluie d'orage...

(De l'angélus de l'aube à l'angélus du soir)

PAUL CLAUDEL

(1868-1955)

LA VIERGE À MIDI

Il est midi. Je vois l'église ouverte. Il faut entrer.
Mère de Jésus-Christ, je ne viens pas prier.

Je n'ai rien à offrir et rien à demander.
Je viens seulement, Mère, pour vous regarder.

Vous regarder, pleurer de bonheur, savoir cela
Que je suis votre fils et que vous êtes là.

Rien que pour un moment pendant que tout s'arrête.
Midi !
Être avec vous, Marie, en ce lieu où vous êtes.

Ne rien dire, regarder votre visage,
Laisser le cœur chanter dans son propre langage,

Ne rien dire, mais seulement chanter parce qu'on a le cœur trop plein,
Comme le merle qui suit son idée en ces espèces de couplets soudains.

Parce que vous êtes belle, parce que vous êtes immaculée,
La femme dans la Grâce enfin restituée,

La créature dans son honneur premier et dans son épanouissement final,
Telle qu'elle est sortie de Dieu au matin de sa splendeur originale.

Intacte ineffablement parce que vous êtes la Mère de Jésus-Christ,
Qui est la vérité entre vos bras, et la seule espérance et le seul fruit.

Parce que vous êtes la femme, l'Eden de l'ancienne tendresse oubliée,
Dont le regard trouve le cœur tout à fait et fait jaillir les larmes accumulées,

Parce que vous m'avez sauvé, parce que vous avez sauvé la France,
Parce qu'elle aussi, comme moi, pour vous fut cette chose à laquelle on pense,

Parce qu'à l'heure où tout craquait, c'est alors que vous êtes intervenue,
Parce que vous avez sauvé la France une fois de plus,

Parce qu'il est midi, parce que nous sommes en ce jour d'aujourd'hui,
Parce que vous êtes là pour toujours, simplement parce que vous êtes Marie, simplement parce que vous existez,

Mère de Jésus-Christ, soyez remerciée !

(Oeuvres complètes)

(MARIE ROUGET)
dite
MARIE NOËL
(1883-1967)

UN ANGE EST ENTRÉ

La Vierge Marie est dans sa maison,
Son petit jardin par la porte ouverte
Respire. Une abeille entre. La saison
Qui vient de très loin n'est pas encor verte.

L'air joue au soleil avec un fétu.
Je me suis assise à ton seuil, Marie,
Sur la marche tiède... O ma sœur, sais-tu
Si la fleur de Pâque est tantôt fleurie ?

La Vierge Marie a fermé les yeux
Et voilé son cœur de ses deux paupières
Pour ne plus rien voir, pour entendre mieux
Un souffle qui fait trembler ses prières...

Un frisson le long du petit jardin
A couru... Qui vient ? La feuille nouvelle ?
Qui passe ?... Un oiseau sort du ciel. Soudain,
La graine des champs les sent partir d'elle.

Le vent sur le toit vient de rencontrer
Dessus un oiseau que l'azur apporte.
Qui vole ?... Le ciel a poussé la porte,
La porte a chanté, un Ange est entré.

Un Ange a parlé tout bas dans la chambre.
Toi seule, ô Marie, entends ce qu'il dit,
Toi seule dans l'ombre et le Paradis,
Il a semé Dieu tout grand dans tes membres.

(Le Rosaire des joies)

LES PLUS BEAUX POÈMES DU BONHEUR

Anthologie

7. AILLEURS EST LE BONHEUR

8. LES BONHEURS ANTÉRIEURS

9. L'INSTANT DU BONHEUR

10. LE BONHEUR DES SAGES

11. LE BONHEUR ET LA GRÂCE

TABLE CHRONOLOGIQUE

CHARLES D'ORLÉANS, 1394-1465
MAROT Clément, 1496-1544
RABELAIS François, 1495-1556

HENRI II, 1519-1559
PLANTIN Christophe, 1514-1589
LABÉ Louise, 1524-1573
DU BELLAY Joachim, 1524-1560
RONSARD Pierre de, 1524-1585
BELLEAU Rémy, 1528-1577
BAÏF Jean-Antoine de, 1532-1573
DESROCHES Christine, 1542-1587
MAGNY Olivier de,

MALHERBE François de, 1555-1628
RÉGNIER Mathurin, 1573-1613
VIAU Théophile de, 1590-1626
LA FONTAINE Jean de, 1621-1695
RACINE Jean, 1639-1699
GIRARD DE SAINT-AMANT Antoine, 1594-1661
VOITURE Vincent, 1597-1648

VOLTAIRE, 1694-1778
DELILLE Jacques, 1738-1813
CHÉNIER André, 1762-1794

VIGNY Alfred de, 1797-1863
HUGO Victor, 1802-1885
NERVAL Gérard Labrunie dit Gérard de, 1808-1855
MUSSET Alfred de, 1810-1857
GAUTIER Théophile, 1811-1872
LECONTE DE LISLE Marie-René-Charles Leconte dit, 1818-1894
BAUDELAIRE Charles, 1821-1867
HÉRÉDIA José-Maria de, 1842-1905
CROS Charles, 1842-1888
MALLARMÉ Stéphane, 1842-1898
VERLAINE Paul, 1844-1896
NOUVEAU Germain, 1851-1920
RIMBAUD Arthur, 1854-1891
LAFORGUE Jules, 1860-1887
LAPRADE Victor de, 1812-1883

FORNERET Xavier, 1809-1884
CLÉMENT Jean-Baptiste, 1836-1903
VERHAEREN Emile, 1855-1916
TOULET Paul-Jean, 1867-1920
JAMMES Francis, 1868-1938
VALÉRY Paul, 1871-1945
FORT Paul, 1872-1960

MORÉAS Jean, 1856-1910
RÉGNIER Henri de, 1864-1936
ROSTAND Edmond, 1868-1918
PÉGUY Charles, 1873-1914
JACOB Max, 1876-1944
APOLLINAIRE Guillaume, 1880-1918
NOËL Marie Rouget dite, 1883-1967
SUPERVIELLE Jules, 1884-1960
CENDRARS Blaise, 1887-1961
ARAGON Louis, 1897-1982
NORGE Georges Mogin dit Géo, 1898
CHABANEIX Philippe, 1898-1982
LARGUIER Léo, 1878-1950
MUSELLI Vincent, 1879-1956
LARBAUD Valéry, 1881-1957
CARCO Francis, 1886-1958
NOAILLES Anna de, 1876-1933
COLETTE, 1873-1954
REVERDY Pierre, 1889-1960

BRASILLACH Robert, 1909-1945
PRÉVERT Jacques, 1900-1977
COCTEAU Jean, 1889-1963
DERÊME Tristan, 1889-1941
DURTAL Jean, 1905
GUILLEVIC Eugène, 1907
BÉALU Marcel, 1908
BONHEUR Gaston, 1913-1980
BÉRIMONT André Leclerc dit Luc, 1915-1983
ROY Claude, 1915
RAPHAËL LEYGUES Jacques, 1913
SAINT-PIERRE Michel de, 1916-1987
SABATIER Robert, 1923
BONNEFOY Yves, 1923
ORIZET Jean, 1937
LA TOUR DU PIN Patrice, 1911-1975

REMERCIEMENTS

Nous remercions Messieurs les Auteurs et Editeurs qui nous ont autorisés à reproduire les textes ou fragments de textes dont ils conservent l'entier copyright, soit pour le texte intégral, soit pour la traduction.

LES AUTEURS

Marcel Béalu © « Poème à dire », extrait de *L'Air de vie* (Seghers, 1958).

LES ÉDITEURS

ALBIN-MICHEL © réservé pour :
Robert Sabatier : « Thoreau », extrait de *Icare et autres poèmes.*

DENOËL © réservé pour :
Blaise Cendrars : « Complet blanc », extrait de « Feuilles de route » in *Du monde entier au cœur du monde.*

FAYARD © réservé pour :
Colette : « Jardins prisonniers », extrait de *Le Voyage égoïste* (1986).

FIRMIN-DIDOT © réservé pour :
Jean Durtal : « Confitures » et « Monts Liban », extraits de *La Fontaine du soir* (1987).

FLAMMARION © réservé pour :
Gaston Bonheur : « La chanson douce », extrait d'*Oeuvres poétiques* (1970).
Paul Fort : « Le bonheur », extrait de *Ballades françaises.*
Géo Norge : « Le bonheur », extrait de *La Belle Saison* (1973).
Pierre Reverdy : « Pour le moment », extrait de *Plupart du temps.*

GALLIMARD © réservé pour :
Guillaume Apollinaire : « Per te praesentit aruspix » et « Nuit rhénane », extraits de *Il y a* et d'*Alcools* (in *Oeuvres poétiques*, la Pléiade).
Louis Aragon : « Que serais-je sans toi ? », extrait de *Prose du bonheur d'Elsa.*
Francis Carco : « Il pleut », extrait de *Poèmes et proses.*

Paul Claudel : « La Vierge à midi », extrait des *Oeuvres complètes* (1952).
Jean Cocteau : « Finale », fragment extrait de *Le Cérémonial espagnol du Phénix* suivi de *La Partie d'échecs.*
Max Jacob : « Jardin mystérieux », extrait de *Les Pénitents en maillot rose.*
Valéry Larbaud : « Images I », extrait de *Poésies de A.O. Barnabooth.*
Patrice de La Tour du Pin : « Laurence endormie », extrait de *La quête de joie.*
Charles Péguy : « Jardinier du roi », extrait, 33 vers, du *Porche de la deuxième vertu.*
Jacques Prévert : « La plage des sables blancs », extrait de *Histoires.*
Claude Roy : « Petit matin », extrait de *Le Poète mineur;* « Pluie », extrait de *A la lisière du temps.*
Paul Valéry : « Le Sylphe », extrait de *Charmes* (*Oeuvres I*, la Pléiade).

GRASSET © réservé pour :
Anna de Noailles : « L'enivrement », extrait de *Les Eblouissements ;* « L'offrande à la nature », extrait de *Le Cœur innombrable.*

KRA © réservé pour :
Tristan Derême : poèmes extraits de *La verdure dorée* (1928).

LAROUSSE © réservé pour :
Verlaine : « Mon rêve familier », extrait de *Poèmes saturniens* (Anthologie de la poésie française).

LE MERCURE DE FRANCE © réservé pour :
Yves Bonnefoy : « Ici, toujours ici », extrait de *Hier régnant désert* (1958).
Francis Jammes : « Qu'est-ce que le bonheur ? » et « Prière pour que les autres aient du bonheur », fragment, extrait de *De l'angélus de l'aube à l'angélus du soir.*
Henry de Régnier : « Odelette », extrait de *Les feux rustiques et divins.*

POINTS et CONTREPOINTS © réservé pour :
Vincent Muselli : « Nous irons tous deux », « Fleurs » et « Les Buveurs », extraits de *L'Oeuvre poétique* (1957).

SAINT-GERMAIN-DES-PRÉS © réservé pour :
Jean Orizet : « Les mauvais jours », extrait de *En soi le chaos.*

SEGHERS-LAFFONT © réservé pour :
Philippe Chabaneix : « Le bonheur », extrait de *Musique du temps perdu* (1960).

Eugène Guillevic : « Exposé », extrait de *Terre à bonheur* (1952).

STOCK © réservé pour :
Marie Noël : « Chant de rouge-gorge », extrait de *Les chansons et les heures* (1935) ; et « Un ange est entré », extrait de *Le Rosaire des joies.*
Jacques Raphaël-Leygues : « Il fait bon sur la mer », extrait de *Reflets des heures vives* (1978).

LA TABLE RONDE © réservé pour :
Michel de Saint-Pierre : « Messagère », extrait de *La Source et la mer* (1986).

Malgré nos efforts, nous n'avons pu authentifier les ayants droit de certains textes. Nous leur demandons de bien vouloir prendre contact avec nous, afin que nous puissions combler des lacunes dont nous les prions de nous donner excuse.

CHEZ LE MÊME ÉDITEUR
(COLLECTION ESPACES)

La Rose
choix de poèmes d'Eugène Beaumont
et Marie Letourneur

Les Cent plus beaux poèmes du monde
choisis par Alain Bosquet

Les Nouveaux Poètes maudits
choisis par Alain Breton,
préface de A. Pieyre de Mandiargues

Les Cent plus beaux cris de femmes
recueillis par Régine Deforges

Les plus beaux poèmes romantiques
choisis par Philippe Héraclès,
préface de Gonzague Saint-Bris

Les plus belles déclarations d'amour
choisies par Philippe Héraclès

Le Père et l'enfant
choix de Jean-Paul Klée,
préface de Victor Hugo

Cent poèmes pour la paix
choisis par René Maltête,
préface de Bernard Clavel

La Mer et ses poètes
choisis par Yves la Prairie,
préface de Bernard Decré

L'humour des poètes
choix de Jean Orizet

Les poètes de la revue « Fontaine »
par Max-Pol Fouchet
(tiré à part du n° 55/61 de « Poésie 1 »)

De la poésie comme exercice spirituel
réédition intégrale du numéro célèbre
de la revue « Fontaine »
dirigée par Max-Pol Fouchet

Cent poètes pour jeunes d'aujourd'hui
choisis par Jean Orizet,
préface de Robert Sabatier

L'Europe des poètes
un livre de références indispensables
sur la réalité culturelle de l'Europe
à travers 30 siècles et 36 nations.
E. de Zagon présente 339 poèmes
dans leurs langues originelles
avec traduction française
(coédition Seghers/Le Cherche Midi éditeur)

Les plus beaux poèmes pour les enfants
choix de Jean Orizet

Cent poèmes pour chanter Noël

Les cent plus beaux textes sur le vin
choisis par Louis et Jean Orizet

Cent poèmes pour la liberté
en collaboration avec Amnesty International
choisis par Ahmed ben Othman
et Jean-Pierre Darmon

Les cent plus beaux sonnets
choisis par Marie Letourneur

La poésie comique
des origines à nos jours
choisie par Jean Breton,
Claude Michel Cluny et Jean Orizet

Cent poèmes contre le racisme
en collaboration avec la Ligue des Droits de l'homme
choisis par Claire Etcherelli,
Gilles Manceron, Bernard Wallon
préface de Elie Wiesel

La Puce et la Plume
(L'ordinateur et l'écrivain)
choix de Jean Rivier
préface de Louis Leprince-Ringuet
avant-propos de Jean Brousse

Cent poèmes contre la misère
choisis pour l'abbé Pierre

Les plus beaux poèmes du voyage
choisis par Gilbert Trigano

Cet ouvrage a été réalisé sur
Système Cameron
par la SOCIÉTÉ NOUVELLE FIRMIN-DIDOT
Mesnil-sur-l'Estrée
pour le compte du Cherche Midi éditeur
en novembre 1989

Imprimé en France
Dépôt légal : novembre 1989
Numéro d'impression : 13404
Numéro d'éditeur : 160
ISBN 2-86274-160-4